幼儿教师职前培训指导

主　　编　王婉莹
副 主 编　王亚丽　孙红梅
编　　者　孙红梅　周明艳　曹立新　王亚丽　刘丽春
　　　　　吴秋红　王婉莹　吴　丹　周立玮

辽宁师范大学出版社
·大连·

前言

PREFACE

目前，针对幼儿园教师整体素质有待提升、幼儿园保教质量参差不齐等现状，幼儿园教师职前培训显得尤为重要，而幼儿园教师职前培训的相关书籍又寥寥可数。为解决这个问题，我们组织一批经验丰富的教研员、高校教师和一线教师共同编写本书，旨在为即将入职的幼儿园教师顺利开展工作打下坚实的基础。

本书内容涵盖《3～6岁儿童学习与发展指南》(以下简称《指南》)、幼儿园教师专业标准与法律法规、幼儿心理发展特点及规律、幼儿园生活活动、幼儿安全教育与应急事件处理、幼儿园班级管理、幼儿园家园共育、幼儿园环境创设、幼儿园区域活动、幼儿园游戏活动和幼儿园集体教学11个方面，力图在《幼儿园教育指导纲要(试行)》(以下简称《纲要》)和《指南》的深度贯彻实施下，将新的理念融入其中。并充分考虑到幼儿园教师的实际工作需要，在“理论与指引”、“依据与准则”和 “实践与指导”三个版块下分别阐述相关内容。用简洁平实、浅显易懂的语言让新入职的幼儿园教师或即将走上工作岗位的幼儿园教师一读便懂，懂了便可操作。

编写人员在写作过程中参阅了一些研究成果和相关书籍，也借助专业杂志和网站搜集了丰富的资源，谨向这些作者表示衷心的感谢。

编写组

2018年5月

目录 CONTENTS

第一章 3 ~ 6 岁儿童学习与发展指南 /2
第一节《指南》制定的目的与作用 /2
第二节《指南》的内容 /2
第三节《指南》的解读与运用 /3
第四节 实施《指南》应坚持的原则 /7

第二章 幼儿园教师专业标准与法律法规 /8
第一节 《幼儿园教师专业标准》概述 /8
第二节 法律法规 /10

第三章 幼儿心理发展特点及规律 /13
第一节 幼儿心理发展概述 /13
第二节 幼儿感知觉的发展 /13
第三节 幼儿记忆的发展 /15
第四节 幼儿想象的发展 /17
第五节 幼儿思维的发展 /19

第四章 幼儿园生活活动 /21
理论与指引 /21
依据与准则 /21
实践与指导 /22

第五章 幼儿安全教育与应急事件处理 /28
理论与指引 /28
依据与准则 /29
实践与指导 /31

第六章 幼儿园班级管理 /37
理论与指引 /37
依据与准则 /38
实践与指导 /39

第七章 幼儿园家园共育 /42
理论与指引 /42
依据与准则 /43
实践与指导 /44

第八章 幼儿园环境创设 /46
理论与指引 /46
依据与准则 /48
实践与指导 /48

第九章 幼儿园区域活动 /51
理论与指引 /51
依据与准则 /51
实践与指导 /52

第十章 幼儿园游戏活动 /56
理论与指引 /56
依据与准则 /57
实践与指导 /59

第十一章 幼儿园集体教学 /66
理论与指引 /66
依据与准则 /66
实践与指导 /67

第一章 3 ~ 6 岁儿童学习与发展指南

《指南》是引导我国 3 ~ 6 岁儿童学习与发展方向，指导幼儿园教育和家庭教育实践的指导性文件。《指南》基于 3 ~ 6 岁儿童身心发展规律与学习特点，基于对我国幼儿学习与发展状况的调查研究，以一整套比较科学、明确、具体的目标与教育建议来体现国家对 3 ~ 6 岁儿童学习与发展方向的指引与质量的要求，反映对 3 ~ 6 岁儿童学习与发展水平的合理期望。

第一节 《指南》制定的目的与作用

一、《指南》制定的目的

《指南》“说明”第 2 条明确指出了《指南》制定的目的，即“《指南》以为幼儿后继学习和终身发展奠定良好素质基础为目标，以促进幼儿体、智、德、美各方面的协调发展为核心”，强调了在幼儿教育阶段要实施素质教育，促进幼儿全面协调发展。主要通过两个途径实现这一目的，即“通过提出 3 ~ 6 岁各年龄段儿童学习与发展目标和相应的教育建议，帮助幼儿园教师和家长了解 3 ~ 6 岁幼儿学习与发展的基本规律和特点，建立对幼儿发展的合理期望，实施科学的保育和教育，让幼儿度过快乐而有意义的童年”。

二、《指南》制定的作用

从最直接的意义上来说，《指南》的制定最大限度地促进 3 ~ 6 岁儿童的学习与发展，帮助他们为进入小学做好准备，为其一生的发展打下基础。

第二节 《指南》的内容

一、《指南》的内容结构

《指南》主要分为两个部分，即“说明”与“主体”两部分。

第一部分是“说明”部分，主要简单讲述《指南》制定的背景与目的、目标与作用、内容与结构及实施原则。

第二部分是“主体”部分，从五个领域描述幼儿学习与发展，分别是健康、语言、社会、科学、艺术。每个领域按照幼儿学习与发展最基本、最重要的内容划分为若干方面。每个方面分为两个部分：一是学习与发展目标，分别对 3 ~ 4 岁、4 ~ 5 岁、5 ~ 6 岁三个年龄段末期幼儿应该知道什么、能做什么、大致可以达到什么发展水平提出了合理期望，共 32 个目标；二是教育建议，根据幼儿的学习与发展目标，针对当前学前教育普遍存在的困惑和误区，列举了一些能够有效帮助和促进幼儿学习与发展的教育途径与方法，同时也指出了错误做法对幼儿终身发展的危害，为广大家长和幼儿园教师提供了具体、可操作的指导，共 87 条教育建议。

二、《指南》的目标部分

《指南》的目标部分是由“目标”和各目标下的“各年龄段典型表现”与“教育建议”组成的，它是《指南》内容中最重要的部分。

（一）《指南》的目标与“各年龄段典型表现”的关系

《指南》的目标不是“准则”，是教育方向的指引，如在语言领域，《指南》明确地提出了“愿意讲话并能清楚地表达”“具有书面表达的愿望和初步技能”等目标，强调了幼儿语言学习与发展的核心是语言交往能力的成长，而不是强化识字、写字训练。

“各年龄段典型表现”不是标尺，不是目标的分解，而是对每一个幼儿学习与发展方向的具体期望，是观察、了解幼儿的参照，教师利用观察到的相关内容加以分析，并结合幼儿实际情况提供支持性材料，促进幼儿深度学习与发展。不可以此作为测量标准或训练清单，进行强制性的“达标”训练，以免给幼儿身心造成严重伤害。

（二）“教育建议”的使用

《指南》的“教育建议”是幼儿园教师和幼儿家长可利用的帮助和促进幼儿学习与发展的教育途径和方法。使用“教育建议”的前提是了解幼儿，必须在了解幼儿的基础上，根据幼儿的实际情况，选择合适的教育活动与方法。切忌将“教育建议”视为“万能药”，教师还需结合幼儿实际情况灵活地运用与拓展，不断促进幼儿多方面的深度学习与发展。

第三节 《指南》的解读与运用

一、如何理解 3 ~ 6 岁幼儿的学习

通常一提到“学习”，人们往往容易仅仅与读书、听课、做作业等学业活动联系起来，把学习局限于学业学习，这是狭义的学习观。

广义的学习观则认为，幼儿的学习就是幼儿通过自己特有的方式与周围环境互动的过程，是幼儿主动地探索周围社会环境、自然环境和物质世界的过程。幼儿期的学习内容是广泛的，包括与人的交往，如和同伴一起玩沙、玩水、看蚂蚁、捉迷藏，以及参与自己生存所需的所有活动，如穿衣、吃饭、洗手、如厕等。

幼儿的学习与中小学的学习不同，中小学的学习是学科体系化的教学，而幼儿园是幼儿经验的梳理和提升。幼儿的学习方式就是通过直接感知、实际操作、亲身体验去模仿、感知、探究，做中学、玩中学、生活中学，不断积累经验，逐步建构自己的理解与认识。

二、案例式解读《指南》

（一）健康领域

以子领域“身心状况”中目标 2“情绪安定愉快”为例：

案例

小班餐前猜谜语活动。教师说出谜面后，很多幼儿举起了手。教师请两名没被叫过的幼儿回答。俊俊见状，马上收回举着的手，跺脚大叫：“为什么不请我回答问题？我还想回答！”教师微笑着说：“你刚才已经回答过了，现在把机会给别人，好吗？”俊俊仍旧大叫：“哼，我明天不上幼儿园了！”

教师提问引导：“俊俊怎么了？他为什么生气？如果是你，你会怎么想，怎么做？”在其他幼儿纷纷发表自己的看法后，教师又询问俊俊：“要是下次老师还没有请你回答问题，你会学习阿明的哪些好办法？”在教师的引导和同伴的启发下，俊俊的回答令人忍俊不禁：“我小时候没有耐心，现在有耐心了，我会学习阿明深呼吸。”

案例分析

这一幼儿的负面情绪主要来自需要未得到满足。小班幼儿以自我为中心，比较缺乏经验，因此识别、理解、表达、调节负面情绪的能力不足，自我调节负面情绪的过程是循序渐进、潜移默化的，需要教师密切关注，并结合多种活动和一日生活的各个环节，采取多种措施进行引导。

教育建议：

1. 营造温暖、轻松的心理环境，让幼儿形成安全感和信赖感。如保持良好的情绪状态，以积极、愉快的情绪影响幼儿。以欣赏的态度对待幼儿，注意发现幼儿的闪光点，接纳他们的个体差异，不简单与同伴做横向比较。幼儿做错事时要冷静处理，不厉声斥责，更不能打骂。

2. 帮助幼儿学会恰当表达和调控情绪。如用恰当的方式表达情绪，为幼儿做出榜样，生气时不乱发脾气；和幼儿一起谈论自己高兴或生气的事，鼓励幼儿与他人分享自己的情绪；允许幼儿表达自己的情绪，并给予适当的引导。幼儿发脾气时不硬性压制，等其冷静后再告之什么行为是可接受的；发现幼儿不高兴时，主动询问情况，帮助他们缓解消极情绪。

（二）语言领域

以子领域“阅读与书写准备”中目标 1“喜欢听故事、看图书”为例：

案例

大班绘本阅读——《彩虹的尽头》

环节一：想象与猜测

带领幼儿一起看封面的故事名字——彩虹的尽头。

设疑：看了这个故事名字，你觉得彩虹的尽头会有什么样的宝贝呢？（幼儿猜测）

环节二：理解“富有”的意思（知道文字的意义）

在獾和狐狸的眼里，宝贝到底是什么样的呢？让我们一起看个究竟吧。（一起翻阅故事书到第 5 页）

提问：为什么它们觉得宝贝就是金的、银的或者宝石的？（引导幼儿理解“富有”的意思）

环节三：寻找宝贝（有条理地表述）

在找宝贝的路上它们都遇到了谁？（继续阅读到第 17 页）

提问：獾和狐狸在寻找宝贝的路上遇到了谁？（松鼠、鸭妈妈和兔爷爷）它们的宝贝分别是什么？

深入问题：松鼠为什么把橡果当宝贝？鸭妈妈为什么把小鸭当宝贝？兔爷爷为什么把回忆当宝贝？

环节四：总结提升（梳理、总结阅读经验）

最后獾和狐狸找到宝贝了吗？继续阅读到结束。

提问：獾和狐狸为什么把对方当成宝贝？

小结：是啊，在储备冬天粮食的松鼠看来，一堆橡果就是比什么都重要的宝贝；在鸭妈妈看来，它最爱的孩子就是胜过世界上任何东西的宝贝；而在年龄比较大的兔爷爷看来，宝贝当然是对往事的美好回忆。獾和狐狸也在一路苦苦寻找宝贝的过程中，发现了彼此拥有对方，拥有真诚甜蜜的友情，就是最珍贵的宝贝！

环节五：完整阅读故事（完整理解故事内容）

提问：你对宝贝有新的理解了吗？能说说你现在最想要的宝贝是什么吗？

案例分析

通过分解阅读和启发提问等帮助幼儿理解：彩虹的尽头藏着宝贝，慢慢地阅读下去却发现：寒冬里的食物、纯真可爱的孩子、值得珍惜的回忆和同甘共苦的朋友才是最值得珍惜和藏在心头的宝贝。

前后不同的两种“宝贝”对比，挖掘故事更深一层的寓意，让幼儿感受阅读活动的快乐。

教育建议：

1. 积极为幼儿提供与同伴和成人交流的机会，提供丰富、适宜的低幼读物。如引导幼儿仔细观察画面，结合画面讨论故事内容，学习建立画面与故事内容的联系。

2. 经常和幼儿一起看图书、讲故事。如和幼儿一起讨论或回忆书中的故事情节，引导幼儿说出故事的大致内容。鼓励幼儿自主阅读，并与他人讨论自己在阅读中的体会与感受。

3. 在阅读中发展幼儿的想象力和创造力。如鼓励幼儿大胆猜测、改编故事、创编故事、用不同方式表达自己对图书或故事的理解。

4. 在生活情境或阅读中激发幼儿对文字的兴趣。

（三）社会领域

以子领域“人际交往”中目标 2“能与同伴友好相处”为例：

案例

中班户外活动时，俊俊看到小班一个小朋友在哭，他走过去，从兜里掏出一张卡片说：“别哭了，给你一张游戏卡。”小班小朋友真的停止了哭声。

王老师见状表扬了俊俊，并问：“游戏卡从哪来的？”“阿明给我带来的。”王老师把阿明叫过来问：“阿明，你为什么给俊俊带游戏卡？”“俊俊帮我穿鞋了。”“哦，原来你们是在互相帮助呀！真是好孩子！”听完老师的话，两人高高兴兴地去玩了。

案例分析

在生活或游戏中，幼儿可以学习怎样交往和解决问题，案例中的俊俊和阿明能够站在别人的角度考虑问题，如关心比自己小的同伴，有感恩之心，能与同伴分享自己喜欢的东西。

教育建议：

1. 要为幼儿创设温暖、关爱和平等的家庭和集体生活氛围，建立良好的亲子关系、同伴关系和师生关系。

2. 结合具体情境，引导幼儿学习交往的基本规则和技能。对幼儿与别人分享玩具等行为给予肯定；发生矛盾或冲突时，引导幼儿尝试用协商、交换、轮流玩、合作等方式解决。也可利用故事、图书等帮助引导幼儿学习。

3. 幼儿的社会性在日常生活和游戏中通过观察和模仿潜移默化地发展，同伴或成人的榜样作用至关重要。可以和幼儿一起谈谈他的好朋友，说说喜欢这个朋友的原因，引导幼儿发现同伴的优点、长处。

（四）科学领域

以子领域“数学认知”中目标 2“感知和理解数、量及数量关系”为例：

案例

在某幼儿园里，A 老师到大班观看一个操作活动，孩子们用瓜子壳、玉米皮、小棍、豆子等粘贴妈妈的头像。

A 老师问身边的一个男孩：“你知道 3+5 等于几吗？”孩子立刻回答：“8。”

A 老师又问：“那 3+8 等于几呢？”孩子也很快回答：“11。”

此时班级老师走过来听 A 老师和孩子之间的对话。A 老师接着问：“你看你粘贴的画，妈妈左边的眉毛用了几个瓜子壳？”孩子从左到右用手指着数：“1、2、3、4、5，5 个。”A 老师又问：“右边眉毛用了几个瓜子壳？”孩子再次从左到右用手指着数：“1、2、3、4、5，5 个。”“那么，两个眉毛一共用了几个瓜子壳？”孩子用手指从左到右数：“1、2、3、4、5、6、7、8、9、10，10 个。”A 老师回头问班级教师：“你看出什么问题了吗？”

案例分析

幼儿逻辑思维的发展使得幼儿的数学学习更依赖于对材料的实际操作和一定的情境。本案例中，虽然有操作、有情境，然而，幼儿的思维定式仍然无法融入其中，由此可见幼儿并不是通过实际操作理解数量关系，而是机械记忆。

教育建议：

1. 引导幼儿感知和理解事物“量”的特征。如感知常见事物的大小、多少、高矮、粗细等量的特征，学习使用相应的词汇描述这些特征。结合具体事物让幼儿逐渐理解“量”是相对的。如小亮比小明高，但比小强矮。收拾物品时，根据情况鼓励幼儿按照物体量的特征分类整理。如整理图书时按照从大到小的规律摆放。

2. 结合日常生活，指导幼儿学习通过对应或数数的方式来比较物体的多少。如鼓励幼儿在一对一配对的过程中发现两组物体的多少；在给桌子上的每个碗配勺子时，发现碗和勺子多少的不同。鼓励幼儿通过数数比较两种物品的多少，如数数有多少个苹果、多少个梨，判断苹果和梨哪个数量多。

3. 利用生活和游戏中的实际情境，引导幼儿理解数的概念。如结合生活需要，和幼儿一起手口一致点数物体，得出物体的总数。通过点数的方式让幼儿体会物体的数量不会因排列形式、空间位置的不同而发生变化。如鼓励幼儿将一定数量的扣子以不同的形式摆放，体会扣子的数量是不变的。结合日常生活，为幼儿提供“按数取物”的机会，如从球筐里拿出几个球和小朋友一起玩等。

4. 通过实物操作引导幼儿理解数与数之间的关系，并用“加”或“减”的办法解决问题。如游戏中遇到让 4 只小动物住进两间房子的问题，或生活中遇到将 5 块饼干分给两个小朋友的问题时，让幼儿尝试不同的分法，考虑怎么分更公平。鼓励幼儿尝试自己解决生活中的数学问题。如家里来了 5 位客人，桌子上只有 3 个杯子，请幼儿想办法解决；购少量物品时，有意识地鼓励幼儿参与计算和付款的过程等。

（五）艺术领域

以子领域“表现与创造”中目标 1“喜欢进行艺术活动并大胆表现”为例：

案例

小班泥工活动中，幼儿拿着泥土按自己的想法做泥工。很快就有幼儿捏出各种造型的小动物，俊俊却依旧尝试着捏来捏去。我好奇地走过去，发现他正在捏兔耳朵。这时，阿明问他：“不对，兔子的耳朵长长的，是竖起来的。”俊俊说：“不对，兔子伤心时耳朵就会弯下来。”

案例分析

儿童有着不同于成人的观察方式、逻辑思维和表达方式。本案例中兔耳朵要弯下来，是儿童用自己的语言诉说着他们对世界、事物的看法。

教育建议：

1. 创造机会和条件，支持幼儿自发的艺术表现和创造。提供丰富的便于幼儿取放的材料、工具或物品，支持幼儿进行自主绘画、手工、唱歌、表演等艺术活动；经常和幼儿一起唱歌、表演、绘画、制作，共同分享艺术活动的乐趣。

2. 营造安全的心理氛围，让幼儿敢于并乐于表达、表现。如欣赏和回应幼儿的哼哼唱唱、模仿表演等自发的艺术活动，赞赏其独特的表现方式；在幼儿自主表达创作过程中，不做过多干预或把自己的意愿强加给幼儿，在幼儿需要时再给予具体的帮助；了解并倾听幼儿艺术表现的想法或感受，领会并尊重幼儿的创作意图，不简单用“像不像”“好不好”等成人标准来评价；展示幼儿的作品，鼓励幼儿用自己的作品或艺术品布置环境。

第四节 实施《指南》应坚持的原则

一、遵循幼儿的发展规律和学习特点

珍视幼儿生活和游戏的独特价值，充分尊重和保护其好奇心和学习兴趣，创设丰富的教育环境，合理安排一日生活，最大限度支持和满足幼儿通过直接感知、实际操作和亲身体验获取经验的需要，不能简单地对照指标评判幼儿，更不能将《指南》作为分领域训练的“清单”，为追求“达标”而对幼儿进行强化训练。

二、关注幼儿身心全面和谐发展

关注幼儿身心全面和谐发展实际上就是关注幼儿学习与发展的整体性。遵循幼儿学习与发展的整体性规律，最重要的是应尊重幼儿的生活与游戏。幼儿的生活是一个整体，“一切生活皆课程”，幼儿的各领域学习与发展就是在生活和游戏中进行的。如为了完成某一项动作指标而强化训练幼儿，不但影响幼儿的情绪，还违背了幼儿的意愿，这种无视幼儿学习与发展的整体性的做法会给幼儿的身心健康带来极其负面的影响。

三、尊重幼儿发展的个体差异

《指南》有助于家长和教师根据每名幼儿发展的连续性和阶段性，确定适合其身心状况的合理发展目标，但《指南》中的学习与发展目标不能简单、直接地用作幼儿园的具体教育活动目标和活动内容，应该根据幼儿的兴趣和需要，制定有针对性的活动目标，选择活动内容，提供丰富、适宜的玩教具和游戏材料，并善于把握蕴含其中的教育契机，促进每名幼儿在原有水平上按照自身的速度和方式向更高水平发展，切忌用一把“尺子”衡量所有幼儿。

四、重视幼儿的学习品质

幼儿在活动过程中表现出的积极态度和良好行为倾向是终身学习与发展所必需的宝贵品质。要充分尊重和保护幼儿的好奇心和学习兴趣，帮助幼儿逐步养成积极主动、认真专注、不怕困难、敢于探究和尝试、乐于想象和创造等良好学习品质。但脱离幼儿具体的学习活动，进行所谓的专项训练，如“专注力训练”“坚持性训练”等是毫无意义的，是违背幼儿身心发展规律和学习品质形成规律的。

思考与练习

简答

1.《指南》是什么?

2. 试述在实施《指南》中教师应遵循的原则。

3. 在艺术领域教师如何尊重幼儿自发的表现和创造？请给予适当指导。

参考文献

1. 李季湄，冯晓霞.《3–6 岁儿童学习与发展指南》解读［M］. 北京：人民教育出版社，2013

2. 管旅华.《3–6 岁儿童学习与发展指南》案例式解读［M］. 上海：华东师范大学出版社，2013

3. 线亚威.《3–6 岁儿童学习与发展指南》实践指导手册［M］. 北京：高等教育出版社，2013

第二章 幼儿园教师专业标准与法律法规

第一节 《幼儿园教师专业标准》概述

一、什么是《幼儿园教师专业标准》

《幼儿园教师专业标准》是国家对合格幼儿园教师专业素质的基本要求，是幼儿园教师开展保教活动的基本规范，是引领幼儿园教师专业发展的基本准则，是幼儿园教师培养、准入、培训、考核等工作的重要依据。

二、《幼儿园教师专业标准》的意义

1. 改变我国幼儿园教师队伍专业素质偏低的状况，促进幼儿园教师的专业化发展。

2. 提升幼儿园教师的社会地位和职业尊严。提高幼儿园教育质量。

3. 形成社会共识。幼儿园教师队伍质量决定幼儿园教育质量。

三、《幼儿园教师专业标准》对幼儿园教师的要求

教育部颁布的《幼儿园教师专业标准》中把“师德为先”作为基本理念之一，对幼儿园教师提出了具体的要求：热爱学前教育事业，具有职业理想，践行社会主义核心价值体系，履行教师职业道德规范。关爱幼儿，尊重幼儿人格，富有爱心、责任心、耐心和细心；为人师表，教书育人，自尊自律，做幼儿健康成长的启蒙者和引路人。

四、《幼儿园教师专业标准》的结构与内容

《幼儿园教师专业标准》的框架结构与中、小学教师专业标准基本一致，但在具体内容上有所不同。

在专业能力方面，充分体现了幼儿园教育的突出特点和保教工作的基本任务，特别强调了幼儿园教师必须具备的良好环境的创设与利用、幼儿一日生活的合理组织与保育、游戏活动的支持与引导、教育活动的恰当计划与实施能力等。

在基本要求层面，更是充分反映了幼儿园教师必须具备的专业态度、知识与能力。如特别强调了幼儿园教师要将幼儿的生命安全和身心健康放在首位，并具有相应的专业知识和能力；要掌握和尊重幼儿身心发展的年龄特点和个性特点，重视生活对幼儿健康成长的重要价值，重视环境和游戏对幼儿发展的独特作用，掌握幼儿园环境创设、一日生活安排、游戏与教育活动、班级管理的知识与方法等。

五、《幼儿园教师专业标准》解读与运用

案例 1

崇高的职业理想

《幼儿园教师专业标准》明确指出幼儿园教师是履行幼儿园教育工作职责的专业人员。这让在幼教岗位上工作了 30 年的周老师觉得幼儿园教师的社会地位越来越被认可，以前总有家长喊她为“阿姨”，现在家长们都尊称她为“周老师”。但是，专业地位的确立和劳动所得、工资收入没有直接关系。社会上曾流传一句话：研究导弹的挣不过卖茶叶蛋的，也有人说在大城市当月嫂一个月还能挣一万多呢，这些言论丝毫没有动摇周老师的职业理想，她依然怀着平常心满腔热情地在一线做好幼儿园教师工作。

案例分析

《幼儿园教师专业标准》对教师专业理念与师德要求很重视。专业理念与师德是教师从事保育和教育实践工作的情感和动力基础。拥有不同专业理念与师德的教师，会以不同的热情与态度对待幼儿和各项日常工作，自我发展的意识、积极性以及工作的创造性也会不同。

案例中的周老师，对幼儿教师的专业理念和师德有很深的理解，所以才会三十年如一日地为之付出努力，用自己饱满的热情与态度对待幼儿和各项工作，赢得了孩子的喜爱和家长的尊敬。

案例2

"三一八"警报

"三一八"当天，空中传来警报声，幼儿都驻足聆听，议论纷纷，老师问："这是什么声音？为什么要拉响警报呢？"结果只有个别幼儿知道这和"三一八"有关。老师利用这个机会给幼儿讲了"三一八"的历史故事，并带他们去公园纪念碑前介绍为阜新解放而牺牲的英雄，让幼儿对这段历史有一个简单直观的了解，没想到幼儿对此非常感兴趣，回家跟家长说出很多细节，如公园纪念碑、阜新解放等。

案例分析

《幼儿园教师专业标准》中第四十二条指出："教师应充分利用各种教育契机，对幼儿进行随机教育。"对幼儿的教育不单指集中教育活动，而是在一日生活中随时进行的。幼儿园一日生活作息时间是固定的，但每天发生的事情却是千变万化的，教师要有能力抓住各种教育契机，展开适时、适度的教育。案例2中警报声响起，这个机会每年一次，教师抓住了时机，顺势引导，很自然地对幼儿进行了爱国主义教育，同时拓展了幼儿的视野，让幼儿对周围发生的事情和现象感兴趣，有好奇心。当然，这样的随机教育不仅需要教师有教育意识，还要有相应的历史文化知识储备。

案例3

快乐的玩水游戏

又到了幼儿游戏活动时间，今天安排了区域自选游戏。孩子们高高兴兴地去自己喜欢的活动区域开始了游戏。只见晓捷和筱羽窃窃私语了一番，两人一前一后，偷偷地溜进了厕所，他们打开水龙头高兴地玩起水来。教师注意到了两人的举动，不动声色地跟了上去，悄悄地躲在门边，发现他俩正在玩水，而且玩得很开心。教师并没有阻止他俩，只是说了句："老师给你们提个建议，你们玩水时把水龙头开小些，尽量不要弄湿衣服！"说完，她退了出去。过了一会儿，又有三个小伙伴加入了玩水的行列。渐渐地，越来越多的幼儿参与进来。这时，一直在旁默默关注的教师走进盥洗室，她向幼儿发出了一起玩水的邀请，同时还提供了瓶子、水盆、水桶、杯子、毛巾、玩具等多种材料，组织幼儿玩起了水的游戏。幼儿各自挑选了不同的材料，自由地游戏起来。倒水游戏、浮沉游戏、挤水游戏……游戏在孩子们一张张满足的笑脸中圆满结束！

案例分析

《幼儿园教师专业标准》对教师专业能力高度重视，对教师的专业能力提出了全方位、综合性的要求。专业能力是教师专业化发展在教育实践中的集中体现，它直接影响着幼儿园的保教质量和幼儿的发展。

《幼儿园教师专业标准》第四十六条："鼓励幼儿自主选择游戏内容、伙伴和材料，支持幼儿主动地、创造性地开展游戏，充分体验游戏的快乐和满足。"在游戏中发挥幼儿的自主性也是非常重要的，教师只提供时机和合适的场地及必要的关注，幼儿来决定游戏的内容、材料等，在这样的活动状态中幼儿所表现出来的积极性、主动性、创造性、合作性都是最自然、最真实、最可贵的；他们所感受到的必定是快乐、放松，有助于发展幼儿的社会性——体验与同伴共同生活的乐趣，通过自己的努力解决问题，理解基本的社会行为规则……案例 3 中的教师放手让幼儿自主游戏，但不是不管不顾，而是放手的同时有关注，发现问题的时候有引导，给了幼儿一个开放的、自主的学习、探索的空间。

第二节 法律法规

一、2016 年新版《幼儿园工作规程》概述

（一）《幼儿园工作规程》的制定

新版《幼儿园工作规程》（以下简称新《规程》）自 2016 年 3 月 1 日起施行。1996 年 3 月 9 日由原国家教育委员会令第 25 号发布的《幼儿园工作规程》同时废止。

新《规程》是为加强幼儿园的科学管理，规范办园行为，提高保育和教育质量，促进幼儿身心健康，依据《中华人民共和国教育法》等法律、法规制定。

（二）新《规程》的新增内容

1. 禁收赞助费及兴趣班费

新《规程》对社会关注的问题做出了规范。如收费问题，明确规定幼儿园实行收费公示制度，收费项目和标准向家长公示，接受社会监督，不得以任何名义收取与新生入园相挂钩的赞助费。

有家长反映幼儿园收取低价入园费，但开设高价兴趣班。此次新《规程》也明确提出，不得以培养幼儿某种专项技能、组织或参与竞赛等为由，另外收取费用；不得以营利为目的组织幼儿参加表演、竞赛等活动。

2. 禁止任何形式的入园考试或测查

幼儿入园除进行健康检查外，禁止任何形式的考试或测查。幼儿园不得提前教授小学教育内容，不得开展任何违背幼儿身心发展规律的活动。

二、《辽宁省学前教育条例》概述

（一）《辽宁省学前教育条例》的制定

2017 年 9 月 1 日起，《辽宁省学前教育条例》（以下简称《条例》）正式施行。为了促进和保障学前教育健康发展，提高学前教育质量，根据《中华人民共和国教育法》等有关法律、法规，结合本省实际，制定本条例。

（二）《条例》的相关要求

1. 按人口规模配套建幼儿园

《条例》规定，根据区域内适龄儿童的数量、分布和流动变化等因素，编制幼儿园布局规划，保障儿童就近入园。

幼儿园实行按质定级、分类管理制度。民办园根据等级定价。普惠性民办幼儿园的保育教育费，按照教育主管部门与举办者签订的协议收取，收费标准和核定方法由市物价主管部门会同财政、教育主管部门根据幼儿园等级和本地区居民收入水平等因素制定。

2. 幼儿园小学化现象罚款一万元

对于实行小学化教育，布置家庭作业，要求家长购买教材、教学辅导材料、参加应当由

幼儿园完成的任务或者违反规定聘用人员的，由教育主管部门责令限期改正；逾期拒不改正或者情节严重的，降低其评估等级，处一万元罚款；对直接负责的主管人员和其他直接责任人员建议其主管单位给予处分。

3. 禁止幼儿园教职工实施不当行为

《条例》第二十六条第二款规定“禁止幼儿园教职工向儿童宣讲有恐怖、暴力、迷信等内容的故事”，幼儿园教职工违反此项规定或者将儿童交与除家长和受托人以外的无关人员的，由教育主管部门对直接责任人员给予警告，处三千元罚款；情节严重的，建议所在幼儿园给予开除处分或者解除劳动合同，教育主管部门可以依法对教师撤销其教师资格；构成违反治安管理行为的，由公安机关依法处罚；构成犯罪的，依法追究刑事责任。

（三）《条例》的解读与运用

案例 1

幼教小学化现象

某幼儿园的一块小黑板上写着幼儿周末应完成的作业：抄写古诗《静夜思》三遍，背诵、默写汉语拼音字母，家长出 20 道退位减法题……尽管教育主管部门三令五申取消学前班、杜绝幼儿园教育小学化，但不少幼儿园仍然我行我素，幼儿过早背起了沉甸甸的书包。

一位年轻的母亲说现在幼儿园也要考试。几天前，她 6 岁的儿子哭着拿出一张 55 分的数学试卷让她签字，说是不及格的小朋友都要把试卷拿回家让家长签字。儿子还转述了老师的话：“老师说在幼儿园考试不及格，将来上学也会是差生。”

案例分析

克服幼儿教育“小学化”倾向是一项综合性工程，应该从以下几方面着手：

首先是端正教育思想。要通过学习、培训等多种形式，深入理解新《规程》《指南》的精神实质，充分尊重幼儿的身心发展规律和特点，实施符合幼儿发展的幼儿教育。确立启蒙教育的目标，让幼儿在游戏、生活中学习一些粗浅的知识技能。合理安排幼儿的一日生活，以幼儿自主活动为主，以幼儿的趣味性活动为主，给予幼儿充分活动的自由。开展多种游戏活动，寓教育于游戏之中。

其次是教师在组织幼儿活动时要充分考虑幼儿的年龄特点，运用多种方法促进幼儿的发展，如提问法、讨论法、游戏法、观察法、操作法、谈话法等。并要求教师在活动中多引导幼儿动脑、动口、动手，通过感兴趣的教学活动获取知识和经验。

总之，要克服幼儿教育的“小学化”倾向，就必须按照国家的幼教法规办事，按照幼儿身心发展的规律安排好幼儿园的各项教育活动，使广大家长能够支持幼儿园的教育工作，才能使幼儿在欢乐和谐的幼儿园整体环境中获得全面健康发展。在幼儿园阶段进行小学式的教育是幼儿身心发展所不允许的，也是国家相关法规所禁止的。

《条例》明确规定：幼儿园实行小学化教育、布置家庭作业等情节严重的，将处一万元罚款。

案例 2

幼儿园教师虐童事件

2012 年 10 月 24 日，浙江省温岭市城西街道蓝孔雀幼儿园教师颜某在活动室里笑着拎起一名幼儿的两只耳朵，拉至其双脚离地，并让另一名教师拍下这一幕。

2017 年 11 月初，携程托管亲子园教师殴打孩子的视频在网上流传，视频显示，教师除了殴打孩子，还强喂孩子疑似芥末的物品。

案例分析

据不完全统计，从2010年至今，经媒体和网络曝光的发生在幼教机构的虐童或疑似虐童事件已超过60起。而被曝光的虐童行为包括针扎、殴打儿童，喂食不明药物，还包括猥亵幼儿。

2016年3月1日，教育部发布新《规程》，针对多次被曝出的幼师虐童案，再次强调，严禁虐待、歧视、体罚和变相体罚、侮辱幼儿人格等损害幼儿身心健康的行为。

一、幼师虐童涉嫌的罪名有哪些？

1. 虐待被监护人、被看护人罪：《中华人民共和国刑法》第260条之一规定，对未成年人、老年人、患病的人、残疾人等负有监护、看护职责的人虐待被监护、看护的人，情节恶劣的，处三年以下有期徒刑或者拘役。

2. 玩忽职守罪：园长如果知道教师虐待幼儿而没有及时制止（或装了监控，却没有发现教师的长期虐童行为），则涉嫌玩忽职守。

二、虐童人员会受到怎样的处罚？

除了刑事责任之外，涉案幼儿园和相关责任人员还将面临民事侵权赔偿责任和行政处罚。

《条例》明确规定：向儿童宣讲有恐怖、暴力、迷信等内容的故事或者将儿童交与除家长和受托人以外的无关人员的，由教育主管部门对直接责任人员给予警告，处三千元罚款；未经家长事前同意，给儿童服用药品的，由教育主管部门降低幼儿园评估等级，处三万元罚款……

遵守教育法律、法规是《幼儿园教师专业标准》对幼儿园教师的基本要求之一。知法守法，用法律来规范自己的行为，也是幼儿园教师遵守《指南》、新《规程》等进行保教工作的具体体现。

思考与练习

一、简答

1.《幼儿园教师专业标准》对幼儿园教师提出了哪些要求？

2. 新《规程》主要在哪些方面提高了标准，增加了细节要求？

二、论述

1. 结合自己的工作实际，谈谈你对职业的理解与认识。

2. 结合自己的工作实际，谈谈如何避免幼儿园教育小学化。

三、案例分析

教师：“请你跟我这样做。”幼儿：“我就跟你这样做。”这个简单的模仿游戏很受孩子们的欢迎。可是，一天午饭前的游戏时间，珍珍突然站起来说：“老师，我不想像你那样做！”我一听就愣住了，马上停下来问她为什么。她摇着头说：“我不想和老师做一样的动作。”听完后，我想：如果强行拒绝，她一定会对游戏产生反感。于是，我灵机一动，说：“那好，珍珍就和老师做不一样的动作。”游戏开始，珍珍做的每个动作都和我不一样，我拍手，她做舞蹈动作；我学小花猫，她学大老虎……渐渐地很多小朋友开始低声说：“老师，我也想和你做不一样的动作！”顿时，教室里沸腾了……

如果你是那位老师，你会怎样做？请阐述你的观点，提出合理的建议。

参考文献

1. 线亚威 . 幼儿园教师职业道德读本［M］. 北京：高等教育出版社，2013
2. 李玮 .《幼儿园教师专业标准》解读 PPT. 长春幼儿师范学校
3. 刘淼 .《幼儿园教师专业标准》解读 PPT. 北京师范大学

第三章　幼儿心理发展特点及规律

第一节　幼儿心理发展概述

一、什么是幼儿心理学

幼儿心理学是研究幼儿期儿童心理发展特点和规律的一门科学。

幼儿眼中的世界和成人是完全不同的。幼儿好问、喜欢模仿，有着与生俱来的好奇心和探究的欲望，有着自己独特的心理特点。所以幼儿教师要掌握幼儿的心理特点，以便在工作中能用恰当的方法对幼儿进行教育，促进幼儿身心和谐发展。

二、学习幼儿心理学的意义

（一）幼儿教师要懂得幼儿的心理特点，走进幼儿的童心世界

教师要像朋友一样尊重幼儿，理解童心世界，耐心倾听孩子说话，蹲下来以平等的姿态和幼儿说话，从孩子的视角看问题。

（二）学习幼儿心理学是幼儿教师的职业要求

幼儿教师每天面对的是孩子，天天要和孩子打交道。而幼儿的心理又和成人不同，所以教师要根据幼儿的心理特点组织一日活动，科学合理地确定目标、内容和选择方法，促进幼儿全面发展。

（三）学好幼儿心理学，把《指南》落实在幼儿园的活动之中

《指南》指出：幼儿园教师要了解 3 ~ 6 岁幼儿学习与发展的基本规律和特点，建立对幼儿发展的合理期望，实施科学的保育和教育，让幼儿度过快乐而有意义的童年。

（四）学习幼儿心理学，既要面向全体教育，又要照顾幼儿的个别差异

《指南》指出：要充分理解和尊重幼儿发展进程中的个别差异，支持和引导他们从原有水平向更高水平发展，按照自身的速度和方式到达《指南》所呈现的发展“阶梯”，切忌用一把“尺子”衡量所有幼儿。

案例

美术活动

在中班美术活动“美丽的春天”导入环节，教师问：“春天来了，外面都发生了哪些变化？”贝贝回答：“小草绿了。”教师说：“你真棒！”娇娇回答：“小花开了。”教师说：“你真聪明！”

案例分析

教师要在工作中寻找幼儿的闪光点，对幼儿的表扬要具体。如在案例中幼儿说“小草绿了”时，教师可回应：“你观察得可真仔细！”幼儿说“小花开了”时，教师可带着惊喜的表情回应：“是吗？是什么花呀？一定很漂亮吧？”

第二节　幼儿感知觉的发展

一、感知觉的含义及作用

感觉是人脑对直接作用于感觉器官的客观事物的个别属性的反映。如苹果的颜色、形状、大小、味道等。

知觉是人脑对直接作用于感觉器官的客观事物的整体反映。如在小朋友面前的气球，不仅反映它的颜色、形状，还从整体上反映出它是气球。

感知觉与观察是幼儿认知活动的基础，在感知的基础上，才能形成记忆、想象、思维等心理过程。在幼儿的认识活动中，感知觉占据重要地位。3 ~ 6 岁的幼儿是借助形状、颜色、大小、声音等来认识世界的。

二、幼儿感知觉与观察的发展

（一）空间感知

1. 方位知觉。幼儿方位知觉的发展趋势：3 岁幼儿基本能辨别上下方位，4 岁幼儿基本能辨别前后方位，5 岁幼儿能以自身为中心辨别左右方位；6 岁幼儿虽然能完全正确地辨别上、下、前、后四个方位，但以左右方位的相对性来辨别左右仍感困难。因此，在幼儿园音乐和体育等教学活动中，教师要用“照镜子式”做示范动作，即以幼儿的角度做示范动作。

2. 形状知觉。在教育的影响下，儿童的形状知觉水平逐年提高。通常，3 岁的幼儿能区别一些几何图形，如圆形、正方形、三角形等。4 岁到 4 岁半是辨认几何图形正确率增长最快的时期。5 岁的幼儿能正确辨别各种基本的几何图形。幼儿说出图形名称比辨认图形要晚。

（二）时间感知

幼儿已有一些初步的时间观念，但这些观念要和具体的生活或活动相互联系才能掌握。

案例

过生日

再过三天，就是萌萌小朋友的生日了，她特别盼望自己的生日快快到来。她问妈妈：“妈妈，我的生日什么时候到？”妈妈回答说：“你晚上再睡三次觉就到了。”萌萌假装睡了三次，就和妈妈说：“妈妈，我的生日到了。”

案例分析

该案例说明了幼儿还不能准确掌握时间概念，因此教幼儿认识时间应和具体事情结合在一起，主要通过日常生活、游戏等活动进行。

三、幼儿观察的特点

观察是一种有目的、有计划、比较持久的知觉过程，是知觉的高级形式。敏锐的观察力是想象力、创造力的源泉，对于孩子今后的智力发展十分重要。

（一）观察目的性不强

幼儿很少自觉地为了某一目的和任务进行观察，喜欢观察新异的事物和自己感兴趣的事物，在观察过程中常常忘记观察的对象，或频繁更换观察对象。

（二）观察持续时间

3 岁幼儿观察的时间为五六分钟，随着年龄的增长，观察的时间会增加。

（三）缺乏系统性和概括性

幼儿在观察物体时缺乏系统性，同时，幼儿观察时往往也发现不了事物之间的内在联系和本质特征，缺乏概括性。

四、幼儿观察力的培养

（一）明确观察的目的和任务

观察开始时，教师要向幼儿提出观察的目的和任务，引起幼儿观察的兴趣，引导幼儿有目的地进行观察。目的越明确，观察的效果就越好。

（二）提供良好的环境和观察对象

要积极主动地为幼儿创设观察条件，可在幼儿园增设自然角、种植园、饲养区、美工区等，带幼儿参观动物园、公园，还可以组织亲子游等有趣的活动，培养幼儿观察的兴趣和注意力，让幼儿在实践活动中进行观察，提高观察能力。

（三）利用多种感官观察周围事物

如观察水果时，可以让幼儿看一看、摸一摸、尝一尝，从而了解各种水果的形状、颜色和味道。也可以带幼儿到大自然中去，亲眼看看春天的小花与小草，亲耳听听蝉鸣鸟叫，亲口尝尝水果，亲手摸摸雪花冰块，从而认识四季。还可以引导幼儿做观察记录，记下自己的感受、体验、发现。

（四）学会观察的方法

我们在有意识地训练孩子观察的同时，一定要注意教给他们观察的方法。如我们让孩子观察一棵树，可以按照从上到下，或者从下到上的顺序，然后再按照由远到近的顺序观察。也可以引导孩子将它分解成树根、树干、树枝、树叶，对各部分分别进行观察，然后综合起来，了解全貌。

第三节 幼儿记忆的发展

一、记忆的含义

记忆是人脑对过去经历过的事物的反映。人的所见、所闻、所做、所思，这一切活动无不给人留下或深或浅、或多或少的“印象”，这就是“记忆”。如果没有记忆，幼儿的心理会一直处在最初的状态，人的心理活动无法继续发展。因此，记忆对幼儿的生活、学习、游戏、智力发展等都有着十分重要的意义。

二、记忆的内容

（一）形象记忆

以事物的形象为内容的记忆。形象记忆是幼儿学习过程中最重要的记忆。如幼儿在动物园看过熊猫之后，就记住了熊猫的样子。

（二）动作记忆

以做过的动作为内容的记忆。幼儿积累实际操作经验和学习运动技能都依靠这种记忆。如学会用勺吃饭，学会穿衣服等。

（三）情绪记忆

以体验过的情绪为内容的记忆。情绪记忆是幼儿最容易长期保存的记忆。若幼儿在幼儿园被关进过小黑屋，此段令他恐惧的经历他不易忘却。可以说儿童喜爱什么、依恋什么、厌恶什么、害怕什么都是情绪记忆的结果。整个幼儿期，幼儿记忆都带有强烈的情绪性。尽量少让孩子接触恐怖邪恶的影视节目和图书，当孩子出现害怕、不安的情绪时，家长要及时给予爱抚和安慰，排除消极的情绪记忆。

（四）逻辑记忆

以有内在逻辑性的信息为内容的记忆。逻辑记忆是幼儿出现最晚、最难的记忆方式，是随儿童言语的发展而逐渐形成的。

三、幼儿记忆的特点

（一）无意识记占优势，有意识记逐渐发展

无意识记是指没有预定目的，也不需要意志努力的识记。有意识记是指按一定的目的和任务，需要采取积极思维活动的识记。

日常生活中，我们经常发现幼儿教师会花费很多精力教幼儿背诵一首儿歌，有的幼儿仍不能完全记住。但是幼儿看几次电视上播放的各种儿童产品广告，就能把广告词记下来了。

案例

小实验

研究者要求幼儿按照提示到商店买皮球、牛奶、娃娃、铅笔、糖果五种物品。三四岁的幼儿到模拟商店购买相关物品，幼儿走到“商店”即完成任务，既不会有意去记买什么，也不会回忆应该做什么事。四五岁的幼儿到“商店”能迅速复述要买什么，但若忘记便不再设法回忆。五六岁的幼儿会要求老师说慢点儿，边听边重复，以便记住买什么，若忘记就会请老师再提示。

案例分析 这个小实验说明了幼儿期无意识记占优势，有意识记逐渐发展。

（二）机械识记占优势，意义识记逐渐发展

根据识记时对材料是否理解而将记忆分为机械识记和意义识记。机械识记是在不了解材料意义的情况下，只根据材料的表现形式，采用简单重复的方法进行的一种记忆，即所谓“死记硬背”。由于幼儿的知识经验比较贫乏，对事物的理解能力差，记忆带有很大的直观形象性，因而他们往往只能记住一些事物的表面特征和外部联系，因此机械识记表现突出。

意义识记是根据材料的意义和逻辑关系，运用有关经验进行的识记。在正确教育的影响下，幼儿的意义记忆开始发展起来。4 岁以后，对事物的理解能力有一定提高，且言语能力也有很大提高。如复述故事时，他们不再单纯地模仿，会或多或少地进行逻辑加工，有时会用熟悉的词来代替较生疏的词，有时省略或加进某些细节。

这两种记忆不是相互排斥对立的，如引导幼儿认识阿拉伯数字“6”，可将字形与“哨子”形象联系起来，并在此基础上反复练习，加以巩固。

（三）形象识记占优势，词语识记逐渐发展

在幼儿的记忆中，形象记忆占主要地位，他们最容易记住的是那些具体的、直观形象的材料。其次，易记住那些关于某些实物的名称、事物的形象和行动的语词材料。最难记住的是那些概括性比较高、比较抽象的语词材料。

（四）记忆中的持久性逐步发展，但精确性差

幼儿的记忆存在着精确性差的特点，容易受暗示，容易把现实与想象混淆，用自己虚构的内容来补充记忆中残缺的部分，把主观臆想的事情当作自己亲身经历过的事情来回忆。教师应该正确对待这种现象，假如幼儿是由于记忆失实而出现言语描述与实际情况不符，那么不能看作是有意说谎。

案例

快乐假期

悦悦是一个 4 岁的幼儿。一天早晨，她来到幼儿园就给小朋友讲起了她的快乐假期。她绘声绘色地说：“爸爸开着新买的汽车，带我到游乐场玩了，玩了许多游乐项目。”小朋友听得可认真了。王老师见状也来听悦悦讲故事。离园的时候，王老师和悦悦的妈妈提起此事，悦悦的妈妈很是诧异，因为悦悦讲的经历根本没有发生，悦悦的妈妈很着急。这是怎么回事呢?

案例分析 这是由于幼儿心理发展不成熟而造成的记忆精确性差。随着年龄的增长，幼儿的这种情况会发生改变。因此，教师不能随便指责幼儿“不诚实”，而是要耐心地帮助孩子把事实弄清楚，把现实和想象的东西区分开来。案例中悦悦就是因为这个原因出现了“说谎”现象，教师和家长不能责怪悦悦，而应帮助她分清想象和现实。

四、幼儿记忆力的培养

（一）为幼儿提供形象、鲜明、生动的识记材料

幼儿的记忆以无意识记为主。凡是直观形象又有趣味，能引起幼儿强烈情绪体验的事和物，大多数他们都能自然而然地记住。所以，应为孩子提供一些色彩鲜明、形象具体并富有感染力的识记材料，使材料本身能吸引幼儿，能引起幼儿的注意。

案例

游戏“谁不见了”

教师出示4张动物卡片，让幼儿观察都有哪些小动物。然后让幼儿蒙上自己的眼睛，教师悄悄拿走一张卡片，让幼儿继续观察，看看哪个小动物不见了。这个游戏还可以利用其他物品进行训练，如玩具、发夹等，数量可以逐渐增多。教师在日常生活和游戏中可以训练幼儿的记忆力。

（二）运用多种感官进行记忆

为了提高幼儿记忆的效果，可以采用协同记忆的方法，即在幼儿识记时，让多种感觉器官参与活动。如认识苹果时，应尽量让幼儿多看一看、摸一摸、闻一闻、尝一尝，通过眼、耳、手、鼻、口等多种感官从多方面获得感性认识，这样会使幼儿记得又快又好。

（三）明确记忆目的和要求

有意识记的发生和发展，是幼儿记忆发展过程中最重要的质变。为了培养幼儿有意识记的能力，在日常生活和各种有组织的活动中，成人要经常有意识地向幼儿提出具体、明确的识记任务，促进幼儿有意识记的发展。例如，在玩“开医院”的游戏时，记住各种物体名称或特征是进行游戏（扮演医生或患者）的必要条件，记不住这些，游戏就无法开展，幼儿游戏的需要就不能得到满足。

（四）帮助幼儿进行合理的复习，以增强记忆

幼儿记忆的特点是记得快，忘得快。因此，在引导幼儿识记时，一定的重复和复习是非常必要的，这不仅是提高幼儿记忆效果的重要措施，也是巩固幼儿记忆，提高幼儿记忆能力的最佳方法。一般来讲，让孩子复习巩固所学的内容时，不宜采用单调、长时间的反复刺激，应该在孩子情绪稳定时，采用多种有趣的方法进行。如利用讲故事、念儿歌、猜谜语、表演活动、做游戏以及比赛活动、散步与郊游活动和日常生活活动等。

（五）引导幼儿学会运用一定的记忆方法或策略

教师在向幼儿传授知识技能的同时，应引导幼儿学习一些记忆方法，并且教其一些常用的识记策略。教师选择一些幼儿感兴趣的记忆材料，配以生动的语言和鲜明的形象，从而起到增强幼儿记忆力的作用；对识记材料进行分析，找出内在规律、进行归类，如可利用模型、图片等对动物进行分类；帮助幼儿建立联想，认识数字时，可把数字和生活中的具体事物结合起来，如“1”像小棍，“2”像鸭子等，以便于幼儿记忆；对于较长的文字材料可采取分段背诵的方式；在幼儿复习时，引导其抓住重点词、重点事进行记忆。

第四节 幼儿想象的发展

一、想象的含义

想象是指人脑对感知到的事物形象加以改造，形成新形象的心理过程。

案例

内华达的官司

1968年，美国内华达州的一位妈妈状告幼儿园，认为幼儿园教会自己3岁的女儿26个字母后，孩子再也不能将“O”说成苹果、太阳、足球、鸟蛋之类的东西了，幼儿园应当对这种扼杀孩子想象力的后果负责。那场官司家长打赢了，内华达州也因此修改了《公民教育保护法》，保护孩子的独立性、创造力和想象力不受桎梏。

案例分析

这个官司给了我们启示：我们要保护幼儿的想象力，让我们的孩子真正像幼儿那样学习与发展，从小学化的教育中解放出来。

二、幼儿想象的特点

（一）无意想象占主导地位，有意想象逐渐发展

有意想象是指根据一定的目的，自觉地创造出新形象的过程。人们在实践活动中，为实现某个目标，完成某项任务所进行的活动都属于有意想象。

幼儿想象的产生，常是由外界刺激物直接引起的，想象活动不能指向目的。如在建构区，一个幼儿在搭积木时，原本想搭房子，但忽然改变主意，想搭一座桥。

案例

囡囡是中班的小朋友，一天，她拿起画笔，自言自语地说："我要画房子。"她画了房顶、墙、太阳、小花。她突然说："不像，这不像房子，像大汽车。"一会儿她又说："房子还没有门和窗户呢。"于是她又画起来。

案例分析

案例说明了幼儿想象的任意性，很容易从一个主题转换到另一个主题，想象主题极不稳定，易受干扰而变化。到了中、大班，特别是大班，有意想象逐渐发展起来，他们能够按照成人的要求进行想象活动，想象有了预定的主题。如一个5岁女孩画画，画之前女孩说："我想画小猫咪。"她先画了猫头、猫耳朵，再画猫眼睛，然后画了太阳、小花和绿草。

（二）再造想象占主导地位，创造想象开始发展

幼儿的主要活动是游戏，在游戏中，幼儿的想象起着极为重要的作用。在角色游戏中，角色的扮演、游戏材料的使用、游戏的整个过程等都要依靠幼儿的想象。如娃娃家、开超市、医院等。在娃娃家游戏中，"妈妈"使用橡皮泥做成蛋糕、馒头，用木棍代替菜勺，炒菜、烧饭、给孩子打针，这些活动都是经过幼儿的"假想"而产生的。

（三）容易把现实与想象混淆，有夸大与虚构的现象

要正确对待幼儿的"撒谎"现象。《指南》指出：年龄小的幼儿经常分不清想象和现实，成人不要误认为他是在说谎。

幼儿的想象极具夸张性，在绘画中，常常不自觉地把自己关心的事物或重要的事物画得很仔细、很突出。如画一只大象时，幼儿会把大象鼻子画得特别长，整体比例失衡。

案例

我去上海玩

3岁多的果果听到爸爸要去上海出差的事，他也很想去上海玩。星期一去幼儿园，老师问他："星期天去哪儿了，玩得好吗？"他回答说："我去上海了，玩得可高兴了。"

案例分析

这正是幼儿想象发展的特点，我们绝不能误认为孩子在说谎，而应帮助孩子从混淆中分清想象与现实。幼儿还不能把想象的事物和现实中的事物清楚地区别开来，有时把想象当现实，把自己臆想的事物、渴望的事物当作真实的，并且以肯定的形式进行叙述，分不清哪些是想象的，哪些是真实的。

三、幼儿想象力的培养

幼儿期是儿童想象非常活跃的时期，应该重视发展幼儿的想象，这是促进他们智力发展的一个重要方面。发展幼儿的想象应从以下几个方面入手。

（一）丰富幼儿的感性知识，积累想象的素材

《指南》指出：在阅读中发展幼儿的想象和创造能力。如鼓励幼儿依据画面线索讲述故事，大胆推测、想象故事情节的发展，改编故事部分情节或续编故事结尾；鼓励幼儿用故事表演、绘画等不同的方式表达自己对图书和故事的理解；鼓励和支持幼儿自编故事，并为自编的故事配上图画，制成图画书。

（二）保护幼儿的好奇心，培养想象的主动性

启发、鼓励幼儿大胆想象，同时，又要加以正确引导，使他们的想象符合客观实际。想象是创造的前提，要从小培养幼儿敢想、爱想的性格和习惯，不要打击他们想象的积极性。对他们过分夸张和以假当真的想象要适当加以纠正。切忌逗引幼儿信口开河。

（三）开展各种活动，创设想象的情境

想象在幼儿游戏、活动中起关键作用。通过各种方法发展幼儿的想象力，可以促进幼儿游戏水平的提高。积极组织幼儿开展各种创造性活动，如游戏、美工、音乐活动等。

（四）创造条件，让孩子们异想天开

创设发展幼儿想象的必要条件。充分利用文学、艺术等形式激发幼儿想象力。

第五节 幼儿思维的发展

一、思维的含义及发展

思维是对事物概括、间接的反映。幼儿的思维发展经历三种水平，首先是动作思维，然后发展至具体形象思维，最后发展至抽象思维。

（一）动作思维

动作思维也称直觉行动思维，是 2 岁以前婴儿的主要思维方式。其特点是思维伴随着动作或行动进行，若行动停止，则思维也随之停止。如孩子看见了布娃娃，才会想起用布娃娃做游戏；如果妈妈拿走了布娃娃，则孩子的思维也就随着布娃娃一同消失。

案例

皮球好玩

明明高兴地玩着小汽车，他一边玩，一边说："开汽车，嘀嘀嘀。"一会儿他看到帅帅在玩皮球，他也去玩皮球，就不再有玩汽车的动作，也不说"开汽车，嘀嘀嘀"了。

案例分析

明明正处于动作思维阶段，他是边想边做，边做边想，思维伴随着动作进行，若动作停止，思维也随之停止。

（二）具体形象思维

具体形象思维即凭借事物的具体形象进行思维，这是幼儿期的主要思维方式。幼儿在假想游戏中所扮演的人物通常是他们接触过的或熟悉的人物，如自己的妈妈爸爸，在模仿中凭借这些具体形象进行思维。幼儿普遍喜欢童话画册和动画片，这与幼儿的具体形象思维有关。

《指南》指出：幼儿的思维特点是以具体形象思维为主，应注重引导幼儿通过直接感知、亲身体验和实际操作进行科学学习，不应为追求知识和技能的掌握，对幼儿进行灌输和强化训练。

（三）抽象思维

抽象思维指依靠语言或文字、数字或符号所代表的观念去认识事物的本质和相互之间的关系。幼儿在五六岁时，抽象思维开始发展。如幼儿无需借助图片，仅凭教师的讲述也能理解故事的情节。

二、幼儿创造性思维的培养

（一）建立自由创造的环境

环境包括物质环境和精神环境。物质环境主要给幼儿提供自由创造的场所、材料、时间等。精神环境主要是尊重幼儿的自由性，使幼儿感到有进行创造的心理自由和安全。《指南》凸显了科学领域“探究”这一核心价值。好奇心和探究兴趣是幼儿学习的最强大的动力，保护与发展幼儿这一宝贵的学习品质，是该领域的重中之重。同时，针对现在幼儿远离自然的问题，该领域的第一个目标就是“亲近自然，喜欢探究”。

（二）爱护幼儿的创造萌芽

当幼儿提出问题，教师不知道对策时，可以提问“还有其他小朋友知道吗？”或留作问题，鼓励幼儿探究。如“你提出的问题很有意思，过几天我们再来讨论。”

（三）激发幼儿的创造思维

运用启发式提问；运用故事激发联想； 通过艺术教育的方式，如音乐、美术等；采用丰富多彩的游戏活动，特别是使用非专门化的玩具和材料，如积木、积塑、沙土等。

（四）应用多种训练方法

进行多角度、多层次的发散思维的训练是培养创造力的重要方法。

如：水除了能喝还能干什么？怎样才能达到取暖的目的？怎样才能解渴？怎样打扮才能让小狗更漂亮？在圆形上画出各种图案……

（五）重视非智力因素的培养

《指南》指出：幼儿在活动过程中表现出的积极态度和良好行为倾向是终身学习与发展所必需的宝贵品质。要充分尊重和保护幼儿的好奇心和学习兴趣，帮助幼儿逐步养成积极主动、认真专注、不怕困难、敢于探究和尝试、乐于想象和创造等良好学习品质。

思考与练习

一、简答

1. 简述幼儿记忆的特点。
2. 简述幼儿想象的特点。

二、论述

1. 结合自己的幼儿园工作，论述幼儿观察力的培养。
2. 结合自己的幼儿园工作，论述幼儿想象力的培养。

三、案例分析

明明看到邻居家的小朋友在玩遥控飞机，他也很想有这个玩具。星期一去幼儿园，他就和小朋友说：“我爸去广州了，回来给我买飞机了，我的飞机本领可大呢！”

请你用学过的心理学知识分析这个幼儿“撒谎”的原因。

参考文献

1. 陈帼眉 . 幼儿心理学［M］. 北京：北京师范大学出版社，1999
2. 潘庆戎，白丽辉 . 幼儿心理学［M］. 南京：河海大学出版社，2005
3. 克里斯汀·夏洛（Chaille，C.），劳拉·布里坦（Britain，L.）. 儿童像科学家一样［M］. 高潇怡，梁玉华，孙瑾，译 . 北京：北京师范大学出版社，2006
4. 姚梅林，郭芳芳 . 幼儿教育心理学［M］. 北京：高等教育出版社，2012

第四章 幼儿园生活活动

理论与指引

《指南》强调："要珍视游戏和生活的独特价值，创设丰富的教育环境，合理安排一日生活，最大限度地支持和满足幼儿通过直接感知、实际操作和亲身体验获取经验的需要。"这就要求我们幼儿教师要认识到幼儿园一日生活的重要性，科学地组织和安排幼儿的一日生活。

一、幼儿园生活活动的内涵

幼儿园生活活动是幼儿在园进行的活动，包括入园、饮水、如厕、盥洗、进餐、睡眠、离园等。

幼儿园一日生活就是幼儿园课程。著名教育学家陶行知指出："全部的课程包括全部的生活，一切课程都是生活，一切生活都是课程。"看似平常的生活环节，是幼儿一日生活的重要组成部分，处处蕴含着教育契机，是培养幼儿各种良好习惯、乐观情感态度和初步的自理能力等社会性行为规范的重要载体。

二、幼儿园生活活动的教育价值

幼儿教师应把《指南》的实施融入一日生活，在幼儿园每天的各个环节和所有活动中渗透《指南》的精神，引导幼儿朝着《指南》目标的方向学习与发展。

生活活动不仅能满足幼儿基本的生理需要，潜移默化地引导幼儿掌握基本的生活经验，逐步懂得照顾自己，锻炼初步的自理能力，还能培养幼儿良好的生活、卫生、学习、礼仪等习惯。

（一）能帮助幼儿养成良好的生活习惯

幼儿期是养成良好生活习惯的关键期，幼儿可塑性大，养成良好的生活习惯能为幼儿的终生发展奠定良好的基础。良好的生活习惯包括卫生习惯，如饭前便后洗手等；饮食习惯，如进餐时不吃汤泡饭，要一口饭一口菜地吃等；遵守作息制度的良好习惯，如每日幼儿在相对固定的时间入园、进餐、午睡、离园等。

（二）能培养幼儿独立的生活能力

幼儿的独立生活能力主要体现在两个方面，一方面是自己做力所能及的事，如幼儿独立用餐、午睡、穿脱衣服等，提高了幼儿生活自理能力；另一方面是帮助他人做事，如幼儿帮助同伴分发餐具、整理活动区、收拾玩具等，提高了幼儿动手做事的能力，也会增强幼儿克服困难的信心和能力。

（三）能帮助幼儿建立良好的心理素质

在一日生活中，家长和教师应为幼儿提供足够的时间和空间，允许幼儿接触生活中的各类事物，通过细心观察，引导幼儿形成愿意分享、乐于合作、做事专注有耐心等品质，帮助幼儿改正和完善任性、自私、不能接受批评等不良的心理问题。

依据与准则

一、运用《指南》优化幼儿园一日活动的原则

在实施《指南》过程中优化幼儿园一日活动，需灵活地运用不同的组织形式和教育手段，保证幼儿真正获得发展，可以遵循以下原则：

（一）坚持教育与生活相融合

教师在指导生活活动时，切忌将生活活动转换成教育活动，而是要将生活活动当作教育过程。这样，就需要教师提前做好充足的准备，让教育毫无痕迹地融入生活。

（二）坚持关注整体与关注个体差异相结合

建立良好的生活活动常规，有利于幼儿形成良好的生活习惯和集体的生活秩序，但不可“一刀切”整齐划一地要求全体幼儿，要注重幼儿的个体差异，尊重幼儿的个性发展。

（三）坚持游戏性活动

游戏是幼儿园的基本活动，教师要根据幼儿的年龄特点，将单调的生活活动转换成形象、具体、生动的游戏活动，如让幼儿在儿歌、游戏等游戏化活动中接受和掌握基本生活技能。

（四）坚持与环境的有效互动

为幼儿创设科学、有序的生活环境，对幼儿有提醒和暗示的作用，对幼儿有潜移默化的影响。幼儿的生活活动在不断地与环境发生着互动，良好的生活品质在不知不觉中逐渐形成。

二、幼儿园一日生活存在的问题

（一）重教学活动，轻生活活动

在一日生活中，上午往往是教师们很认真、很重视的时段，因为集体教学活动往往安排在上午进行。下午尽管有非常重要的午睡、餐点、离园等环节，却一般不被重视。

（二）一日生活作息时间安排不合理

不必要的过渡环节和消极等待的时间过长；幼儿用餐间隔时间不足 3 小时等。

（三）包办多

当幼儿在生活中遇到问题了，如穿不上衣服、提不上裤子、洗不干净手等，家长或教师往往为了赶时间、赶进度，选择直接帮助幼儿解决问题。

（四）高控制

一日生活始终在教师的主导下完成，整齐划一地进行盥洗、如厕等环节，幼儿基本没有自由时间。

三 实践与指导

一日生活中的游戏活动、集体教学活动等在幼儿的学习与发展中都具有极大的意义，这些内容其他章节均有详细阐述，这里不再列举。下面主要结合生活活动的七个环节进行阐述：

一、入园环节

（一）幼儿行为要求

3~4 岁	4~5 岁	5~6 岁
1. 高高兴兴来园；会向教师和同伴问好，与家长说再见。 2. 愿意接受晨检；在成人帮助下，学会脱放衣物。 3. 在教师引导下，愉快参与早活动。	1. 衣着整齐，愉快来园；能主动向教师和同伴问好，与家长说再见。 2. 愉快接受晨检；学会将脱下的衣物放在指定位置。 3. 独立愉快参与到早活动中。	1. 衣着整齐，愉快入园；能主动热情地向教师和同伴问好，与家长说再见。 2. 主动接受晨检；独立将脱下的衣物叠整齐并放在指定位置。 3. 主动愉快参与到早活动中。

（二）指导要点

1. 提前准备。做好活动室通风换气工作；准备充足的图书、玩具或区域活动材料供幼儿自主活动。

2. 仪表整洁，热情接待。引导幼儿向教师、同伴问好。小班教师应协助家长稳定幼儿不良情绪，针对情绪不好的孩子，教师可以先设法将其抱起来，给予幼儿安全感；转移幼儿的注意力，如拿一些其感兴趣的玩具或图书，同时和幼儿说说话，减少其哭闹的时间；再和幼儿商量出一种发泄不良情绪的方式。对情绪稳定的孩子给予鼓励。

3. 做好晨检。一摸：是否发烧；二看：幼儿精神状况、面色等（是否有传染病的表现）；三问：个别幼儿饮食、睡眠、大小便情况；四查：有无携带不安全的物品，发现问题迅速处理；五记：及时记录幼儿用药情况，仔细写明细则，家长签字认可。

4. 引导幼儿自我服务，做好倾听交流。一方面引导幼儿进入班级后先将自己的物品放到自己的柜子中，然后将教师要收回的资料等放到指定的地方，接着按需要进行如厕、盥洗、放杯子、放毛巾、喝水等自我服务。另一方面与个别家长进行简短的交谈，倾听家长的嘱托。可以准备一个“安心日记本”，当个别家长有特别嘱咐又不能直接和教师交流时，可以在“安心日记本”中书面留言，教师及时查看、记录。

5. 安排计划，指导晨间活动。教师应根据幼儿的年龄特点做好活动计划，组织和参与幼儿的晨间活动，并注意活动的安全性。帮助幼儿学会遵守晨间活动的规则，培养幼儿独立做事的习惯。如指导小班幼儿选择区域，中、大班教师指导幼儿做好值日生工作，可以是气象记录、照顾植物角、热情为小朋友服务等。

6. 开展点名活动。

二、饮水环节

（一）幼儿行为要求

3~4 岁	4~5 岁	5~6 岁
1. 在教师帮助下，能认识自己的水杯标志；知道用完水杯后将其放回原处。 2. 知道口渴时随时喝水，不能喝生水。	1. 认识自己的水杯标志，能正确取放水杯。 2. 随渴随喝；喝水时不打闹，不浪费水，不喝生水。	1. 知道自己的水杯标志，能正确取放水杯，主动放回原处。 2. 养成随渴随喝的习惯；喝水时不打闹，不拥挤，喝多少接多少，不浪费水。

（二）指导要点

1. 恰当组织，保障幼儿饮水时良好的秩序。组织幼儿定量饮水，小班幼儿每天至少喝 4 次水，50 mL/ 次（小半杯水）；中、大班幼儿每天至少喝 4 次水，80 mL/ 次（半杯水）。鼓励幼儿感觉口渴时及时喝水；减少集体性的饮水，尽量分组进行；引导幼儿遵守排队、轮流等集体规则。

2. 指导幼儿学习正确接水及健康饮水的方法，发现幼儿饮水时的不良习惯（边走边喝、边喝边玩、浪费水等）给予必要的提醒和协助。如运用标记有序取水：利用地面粘贴标识，引导幼儿在指定的位置等待、排队接水；控制水量：可以在杯子外或饮水桶外壁画一条波浪线，以提示幼儿接取适量的水。

3. 渗透健康教育，逐步引导幼儿了解水与身体健康的关系，帮助幼儿养成良好的生活卫生习惯。

4. 开展各种趣味游戏活动，在游戏中调动幼儿喝水的积极性。如根据幼儿的年龄特点创设喝水区，根据幼儿人数用吸管制作若干根“棒棒糖”，将它们放在一个盒子里并固定在墙上。再按幼儿人数准备纸质水杯，贴上幼儿的照片。幼儿每次喝完水，就可以从盒子里取出一根“棒棒糖”，插进代表自己的“水杯”里。

三、如厕环节

（一）幼儿行为要求

3~4岁	4~5岁	5~6岁
1. 逐步掌握正确的如厕方法。 2. 知道有便时要告诉老师，不便、尿裤子。	1. 自觉排队如厕；如厕前挽好裤腿，如厕后放好裤腿；学会擦屁股，不便溺在便池外，便后能及时冲厕。 2. 有便时，能及时告诉老师，不憋尿和便。	1. 按要求自觉排队如厕；如厕前挽好裤腿，如厕后放好裤腿；大、小便能够自理，便后及时冲厕。 2. 有便时，及时告诉老师，不憋尿和便。

（二）指导要点

1. 组织幼儿有序如厕，提出如厕要求。引导幼儿如厕时不推不挤、不打闹，遵守排队、轮流等集体规则；减少集体性的如厕活动，尽量分组（如男、女分组）。

2. 提示幼儿学习正确脱、提裤子的方法；如厕前挽好裤腿，如厕后放下裤腿，便后洗手；引导并检查个别幼儿便后是否将衣裤整理整齐，使其养成良好的生活卫生习惯。

3. 观察幼儿大便情况，发现异常情况及时处理；提醒幼儿如有不适要主动、及时告诉老师；便前提示幼儿如厕时取适当长度的卫生纸，便后记得冲水。

4. 鼓励幼儿主动、大胆表达自己的需求和愿望。为避免一名幼儿大喊“我有尿”后众多幼儿模仿的现象发生，教师与幼儿可以共同商量以手势示意，表达自己的需求。

四、盥洗环节

（一）幼儿行为要求

3~4岁	4~5岁	5~6岁
1. 在教师的提醒和指导下饭前、便后、手脏时排队洗手；知道洗手前要先挽衣袖；在教师帮助下正确洗手，不玩水和香皂。 2. 在教师帮助下认识自己的毛巾，在教师指导下正确使用毛巾。	1. 在教师提醒下饭前、便后和手脏时洗手；洗手前要先挽衣袖；正确洗手，不玩水和香皂。 2. 认识自己的毛巾标志，正确使用毛巾。	1. 独立做到饭前、便后和手脏时洗手；洗手时不推不挤，不争抢水龙头，不玩水和香皂，节约用水。 2. 能正确使用自己的毛巾擦手。

（二）指导要点

1. 引导幼儿饭前、便后、手脏时洗手。

2. 帮助（小班）、指导（中班）、提醒（大班）幼儿挽好衣袖，引导幼儿学习正确的洗手方法，不玩水和香皂。有时幼儿用水时水流过大，教师可以提前调节开关的位置，在水流合适的位置粘贴一个标记，当水龙头开关调整到标记处，水量则适中。提示幼儿按标记位置打开水龙头即可。

3. 指导幼儿认识自己的毛巾，引导幼儿学习正确使用毛巾的方法。小、中班可以用幼儿的照片或喜欢的卡通形象作为标识，大班可以用符号、形状、数字或自己设计的图片作为标识。

4. 观察幼儿进盥洗间的情况，随机进行生活技能教育，必要时给予幼儿适当的帮助。

5. 检查幼儿盥洗后整理服装情况，保持幼儿衣着清洁干爽。

五、进餐环节

（一）幼儿行为要求

3~4 岁	4~5 岁	5~6 岁
1. 情绪稳定，愉快安静等待进餐。 2. 在教师指导下，能正确使用餐具进餐。 3. 注意力集中，不挑食，不玩耍、不含饭；一口饭、一口菜地吃；尽量不剩饭，不掉饭粒，保持桌面干净；知道添饭要举手。 4. 知道餐后要漱口、擦嘴，在教师指导下送餐具。 5. 愉快、安静参与活动。	1. 情绪稳定，等待进餐；学做值日生，配合教师做好餐前准备。 2. 学习使用筷子进餐。 3. 吃饭时保持安静，不东张西望；一手拿筷子，一口饭、一口菜地吃，细嚼慢咽；不掉饭粒，不挑食，不含饭，不剩饭，不用汤泡饭；能将食物的残渣堆放在一起，保持桌面和地面清洁。 4. 餐后正确漱口、擦嘴，主动送餐具。 5. 进餐后主动到区域中活动，不打扰同伴用餐。	1. 情绪稳定，安静等待进餐；值日生能有序分发餐具，碗、盘、勺能对应摆放整齐。 2. 正确、熟练使用筷子进餐。 3. 吃饭时保持安静，不边吃边说；一手扶碗，一手拿筷子，一口饭、一口菜地吃，细嚼慢咽；不掉饭粒，不挑食，不含饭，不剩饭，不用汤泡饭，不暴饮暴食；进餐时不乱扔残渣，能将食物的残渣堆放在一起，餐后收拾干净，保持桌面和地面清洁。 4. 餐后正确漱口、擦嘴，主动送餐具。 5. 进餐后安静地活动，不打扰同伴用餐。

（二）指导要点

1. 餐前准备

· 要为幼儿创设一个干净、安静的进餐环境。由教师带领值日生布置好餐桌，如在餐桌上铺垫幼儿喜欢的桌布，摆放一些小花等，同时准备好餐具。

· 餐前介绍。进餐前，小、中班由教师以亲切的口吻、热情的态度向幼儿介绍饭菜的品种，激发幼儿食欲；大班可以尝试由幼儿介绍。

· 组织幼儿开展安静游戏活动或播放一些舒缓、优美的音乐。

2. 进餐过程

· 教师站位合理，班级教师各司其职，选择合适的位置才能准确观察幼儿的进餐情况。

· 教师要指导幼儿正确的坐姿和使用餐具的方法。

· 关注幼儿进餐情况。提醒幼儿菜、馒头、稀饭要搭配着吃，不吃汤泡饭；不挑食，不剩饭等；教师可以让进餐慢的幼儿先进餐，或适当提醒，同时还需观察进餐快的幼儿，提醒他们细嚼慢咽；幼儿的饭菜讲究少食多添，不要一次性给孩子盛太多；班级内的肥胖儿需要先喝汤，后吃饭，帮助孩子控制体重。

· 给予进餐困难（慢、体弱、患病）的幼儿帮助。

3. 进餐结束

· 幼儿吃完最后一口饭收拾残渣后才能离开座位，并把餐具、椅子整齐地摆放在指定的地方。

· 要养成饭后擦嘴、漱口、洗手的习惯。

·组织幼儿进行餐后散步等安静、轻松的活动。引导用语一般是正面引导，把“不可以”变为“我们可以”。

六、午睡环节

（一）幼儿行为要求

3~4 岁	4~5 岁	5~6 岁
1. 安静如厕，及时排便。 2. 在成人帮助下，学会脱衣服；知道脱下的衣物放在自己的位置上。 3. 进寝室后不玩耍，盖好被子，在提醒下按时睡觉，并能坚持午睡；在教师看护下尽快入睡。 4. 用右侧卧或仰卧的姿势睡眠，不蒙头，不趴睡。	1. 安静如厕，及时排便。 2. 安静有序地脱衣裤；学会整齐叠衣物，并摆放在固定的位置上。 3. 进寝室后不玩耍，盖好被子，每天按时睡觉，并能坚持午睡；安静入睡。 4. 用右侧卧或仰卧的姿势睡眠，不蒙头，不趴睡。	1. 安静如厕，及时排便。 2. 安静迅速地脱衣物；学会整齐叠衣物，并摆放在固定的位置上。 3. 进寝室后不打闹，盖好被子，养成每天按时睡觉的习惯；迅速入睡。 4. 保持右侧卧或仰卧的姿势睡眠，不蒙头，不趴睡。

（二）指导要点

1. 组织幼儿安静有序地如厕，关注排便不定时的幼儿。
2. 检查幼儿是否带异物上床，照顾好如厕幼儿。
3. 指导幼儿进入寝室要保持安静。
4. 帮助、指导幼儿有序地脱衣裤；指导幼儿整齐摆放衣裤、鞋子等。
5. 帮助幼儿盖好被子并引导幼儿把两只手放好，指导幼儿保持正确的睡眠姿势。
6. 教师合理分工，巡回检查，确保午睡的安全，并做好交接班工作及必要的记录。
7. 引导并协助幼儿做好起床整理。

七、离园环节

（一）幼儿行为要求

3~4 岁	4~5 岁	5~6 岁
1. 安静进行活动，愉快等待家长。 2. 离园时，在教师的指导下，将玩具收拾整齐，送回原处。 3. 在指导下将椅子送到固定位置，轻轻走出活动室。 4. 在引导下，和教师、小朋友说再见。	1. 安静进行活动，愉快等待家长。 2. 离园时，在指导下，将玩具收拾整齐，送回原处。 3. 在提示下将椅子送到固定位置，轻轻走出活动室。 4. 在提醒下，穿好外衣，能和教师小朋友说再见。	1. 安静活动，等待家长。 2. 离园时，将玩具收拾整齐，送回原处。 3. 将椅子送到固定位置，轻轻走出活动室。 4. 独立整齐地穿好外衣，离园时主动和教师、小朋友说再见。

（二）指导要点

1. 教师应让幼儿做好结束工作，引导、帮助幼儿做好清洁、整理工作；指导幼儿将玩具收拾整齐，送回原处，用正确的方法收放椅子。

2. 帮助、提醒幼儿将衣裤整理整齐并提醒幼儿带好回家的物品。

3. 组织幼儿进行适合的离园前活动，如兴趣活动、观察活动、跨班活动、个别教育、合作创造游戏、户外游戏、劳动等。

4. 根据需要向家长介绍幼儿在园的情况并听取家长的意见。

5. 引导、提醒幼儿有礼貌地与教师和同伴道别。

6. 关注家长晚接的幼儿，应组织适宜的活动，陪伴幼儿等待家长。

7. 做好静班工作，保持班级整洁，关好门窗、水电等。

思考与练习

一、简答

1. 如何安定小班幼儿入园情绪?

2. 试述幼儿园进餐环节的指导要点。

二、案例分析

有一名小班幼儿不喜欢在幼儿园大便，有时离园后走在回家的路上就憋不住了。家长常常因此烦恼不已。教师找来这名幼儿谈话，了解到他不在幼儿园大便的原因是不会自己擦屁股。此事牵动着家长们的心，对幼儿身心健康也有很大危害。

请结合小班幼儿的年龄特点，运用多种方式帮助幼儿学会自己擦屁股的正确方法。

参考文献

1. 深圳市深投幼教运营有限公司 . 幼儿园一日生活组织与实施［M］. 北京：北京师范大学出版社，2016

2. 夏艺珊 . 幼儿园一日生活组织与指导［M］. 北京：中国轻工业出版社，2017

3. 深圳市深投幼教运营有限公司幼教管理中心 . 幼儿园一日生活实施指引［M］. 北京：北京师范大学出版社，2015

4. 李季湄，冯晓霞 .《3-6 岁儿童学习与发展指南》解读［M］. 北京：人民教育出版社，2013

5. 基础教育教学研究课题组 . 幼儿园生活及户外活动指导［M］. 北京：高等教育出版社，2014

6. 线亚威 .《3-6 岁儿童学习与发展指南》实践指导手册［M］. 北京：高等教育出版社，2013

第五章 幼儿安全教育与应急事件处理

理论与指引

一、幼儿园安全教育的内涵及意义

幼儿园安全是指幼儿在园期间不受威胁，没有危险、危害、损失。换言之，就是幼儿园不存在安全隐患。幼儿园安全教育实际上就是根据幼儿的身心特点，通过一系列有意义的主题教育活动，有意识、有目的、有计划地对幼儿进行安全教育，提高幼儿自我保护能力和应变能力的教育活动。

安全教育是一切教育的根本。《纲要》明确指出："幼儿园必须把保护幼儿的生命和促进幼儿的健康放在各项工作的首位。"幼儿的生命安全和健康成长关系到千家万户的幸福和社会的安宁，关系到国家长远发展和民族的未来。认真做好幼儿园安全工作，强化"幼儿安全责任重于泰山"的责任意识，将安全教育有目的、有计划地渗透到幼儿的日常生活之中。

二、幼儿园安全教育的内容

（一）交通安全教育

1. 了解基本的交通规则。如红灯停、绿灯行，行人走人行道，上街走路靠右边，不在马路上踢球、玩滑板车、奔跑、做游戏，不横穿马路等。

2. 认识常见的交通标记，如红绿灯、人行横道线、禁止行人通行标志等，并知道这些交通标记的意义和作用。

3. 帮助幼儿初步形成交通安全意识，养成遵守交通规则的良好习惯。在对幼儿进行交通安全教育时，可选用一些儿歌、故事和游戏以增加趣味性，也可进行模拟表演等。

（二）消防安全教育

1. 让幼儿懂得玩火的危险性。知道如果发生火灾，不仅会损坏财物，更会危及人的生命。

2. 可以进行火灾疏散演练。幼儿园可事先确定各班安全疏散的路线，让幼儿熟悉幼儿园的各个通道，以便发生火灾时能在教师的指挥下统一行动，安全疏散，迅速离开火灾现场。教师可在幼儿了解火的用途和危害后，开展防火自救演练，让幼儿学习拨打 119，尝试运用简单的应急措施，如用床单塞门缝、用湿毛巾捂住嘴巴和鼻子、尽快逃离现场等。

3. 通过多媒体让幼儿观看消防队员灭火情境。向幼儿介绍火灾的形成原因、消防车的作用、灭火器的使用方法及使用时应注意的事项等。建议幼儿园每学期开展一次消防演练活动。

（三）食品卫生安全教育

幼儿大多爱吃零食，也喜欢将各种东西放入口中，容易引发食物中毒。幼儿园除了要把好食品采购、储藏、烹饪、运送等方面的卫生关外，还必须引导教师教育幼儿不吃腐烂的、有异味的食物。幼儿误食有毒、有害物质的情况更是多种多样。因此，教师在平时要教育幼儿不要随便捡食和饮用不明物质。目前，幼儿药品大多外观漂亮，口感甜美，深受幼儿"喜爱"，有的幼儿甚至把药品当零食吃。因此，要教育幼儿不能随便吃药，如需要服药，一定要在医生或成人的指导下服用。饮食安全教育的另一方面是饮食习惯的培养。如教育幼儿在进食热汤或喝热水时必须先吹一吹，以免烫伤；吃鱼时，要把鱼刺挑干净，以免鱼刺卡在喉咙里；进食时不嬉笑打闹，以免食物进入气管等。

（四）防触电、防溺水教育

1. 对幼儿进行防触电教育，一方面要告诉幼儿，不能随便玩电器，不拉电线，不用剪刀剪电线，不将铁丝等插到电源插座里等。另一方面要告诉幼儿，一旦发生触电事故，不能用手去拉触电者，而应及时切断电源，或者用干燥的竹竿等不导电的物品移开电线。

2. 溺水在少年儿童意外死亡中所占比例最大，有些孩子喜欢到河里洗澡，很容易发生溺水事故。幼儿园对幼儿进行防溺水教育，一是要告诉幼儿不能私自到河边、海边、池塘边等地玩耍；二是不能将脸浸入水中，玩憋气游戏；三是不能私自到河里游泳；四是当同伴失足落水时，要大声呼救，并及时就近找成人来抢救。

（五）幼儿园玩具安全教育

游戏是孩子的天性，玩具是孩子的最爱。幼儿在园的一日活动中，几乎有一半时间是在和玩具打交道。因此，对幼儿进行玩具安全教育十分重要。如玩大型玩具滑梯时，要教育幼儿不拥挤，排好队，前面的幼儿还未离开时，后面的幼儿不能向下滑；玩秋千时，要坐稳，双手拉紧两侧的秋千绳，其他幼儿要远离秋千；玩中型玩具游戏棍时，不能用棍子打其他人；玩小型玩具积木、串珠、玻璃球时，不能将它们放入口、耳、鼻中，以免造成伤害等。

（六）幼儿生活安全教育

这一类的安全教育必须有家长参与同步进行。

1. 教育孩子不随身携带锐利的器具，如小剪刀等。

2. 教会幼儿认识一些安全标志，特别是一些禁止性的、警示性的标志，知道看见这些标志该怎样做。如禁止攀登、禁止触摸、禁止通行、当心车辆等。

3. 教育幼儿在运动和游戏时要有秩序，不拥挤推撞；在没有成人看护时，不能从高处向下跳或从低处向上跳。告诉幼儿不要爬树、爬墙、爬窗台，不从楼梯扶手向下滑，以防摔伤。

4. 要教育幼儿不吃陌生人给的东西，不轻信陌生人的话，不随便跟陌生人走，外出玩耍要告诉大人。

5. 教育幼儿，独自在家时，若有陌生人敲门，不能随便开门；不随意开启家中电器；当遇到停电等情况时，不慌不乱、不到处跑；不独自玩烟花爆竹；不逗弄蛇、蜈蚣、黄蜂、狗等动物；乘车时不在车上来回走动，不将手和头等身体部位伸出窗外。

6. 教育幼儿上下楼梯要靠右边走，不推挤，打雷闪电时不站在大树下等。

三 依据与准则

一、《指南》对幼儿进行安全教育的要求

《指南》中明确指出：幼儿园要提高幼儿自我保护能力，幼儿期正是幼儿身心发育阶段，缺乏生活经验，身体协调性和自我保护意识较差，常常不能预见自己的行为会产生什么样的后果。因此，加强幼儿安全教育，培养幼儿的自我保护能力尤为重要。

（一）创设安全的生活环境，提供必要的保护措施

1. 要把热水瓶、药品、火柴、刀具等物品放到幼儿触碰不到的地方，阳台或窗台要有安全保护措施，要使用安全的电源插座等。

2. 在公共场所要注意照看好幼儿，幼儿乘车、乘电梯时要有成人陪伴，不把幼儿单独留在家里或汽车里等。

（二）结合生活实际对幼儿进行安全教育

1. 外出时，提醒幼儿要紧跟成人，不远离成人的视线，不跟陌生人走，不吃陌生人给的东西；不在河边和马路边玩耍；要遵守交通规则等。

2. 帮助幼儿了解周围环境中不安全的事物，不做危险的事。如不动热水壶，不玩火柴或打火机，不摸电源插座，不攀爬窗户或阳台等。

3. 帮助幼儿认识常见的安全标识，如小心触电、小心有毒、禁止下河游泳、紧急出口等。

4. 告诉幼儿不能让别人触摸自己的隐私部位。

（三）教给幼儿简单的自救和求救的方法

1. 记住自己家的住址、电话号码、父母的姓名和单位，走失时知道向成人求助，并能提供必要信息。

2. 遇到火灾或其他紧急情况时，知道要拨打 110、120、119 等求救电话。

3. 可利用图书、音像等对幼儿进行逃生和求救方面的教育，并运用游戏方式模拟练习。

4. 幼儿园应定期进行火灾、地震等灾害的逃生演习。

二、如何借助《指南》开展安全教育活动

需顺应儿童的身心发展规律，结合幼儿的年龄特点，从安全教育六个方面内容有针对性地选择合适的内容进行，可以采用以下办法：

1. 集中教育，正面引导法。鉴于幼儿时期的认知具有直觉行动和具体形象的特点，幼儿园集中安全教育活动可通过各种形式和渠道进行。如可向幼儿展示有关安全知识的图片、音像资料，开讨论会，或借助现代教育手段，综合讲解等。只有让幼儿通过多种感官感知、体验，汲取的安全知识才能给他们留下深刻的印象。

2. 环境教育法。环境创设是幼儿园最直观的教育方法，通过有趣的图片、漫画、标志符号、照片等布置安全宣传栏或墙饰，让幼儿在环境中受到熏陶，感受安全教育，根据需要定期更换。如过马路要走人行道，不能玩火、玩电，不从高处向下跳、不爬窗户，不跟陌生人走、不给陌生人开门，知道遇到火灾、病情和坏人时应该分别拨打什么电话，上、下楼梯要靠右边走等。还可以利用各种废旧物品、玩具和资料，创设警察岗亭、公共汽车、救护中心、消防大队等区角，让幼儿在角色游戏中模拟扮演，从中感悟交通安全规则、火灾或生急病的报警电话和抢救方法。

3. 随机教育法。在日常生活中随时抓住偶发事件进行随机教育，及时抓住幼儿生活活动中瞬间的偶发事件进行随机安全教育，也不失为安全教育的好方法。幼儿园的孩子年龄小，自我保护意识差，每次活动前、放假前的安全教育都是必不可少的。因此，幼儿园安全教育是一个长期、连续的过程。教师应结合幼儿在活动中出现的问题，适时、及时地提醒幼儿，给予必要的、合理的安全教育。只有在幼儿原有经验的基础上，巩固已有的安全知识，强化随时出现的安全行为，才能让安全意识逐步在幼儿心里扎根，让安全行为渐渐成为幼儿的习惯。

4. 运用有效的“危险后果”教育法。有这样一个故事：一位旅游者租了一辆马车，行至盘山路时，旅游者对马车夫说：“您让马向路里边走走，马车要跌到山谷里去了。”马车夫说：“马很聪明，它也知道跌下去的后果。”马车夫的话令人感触很深。作为成人，我们经常认为孩子年龄小，阅历浅，什么也不懂。在教育他们时避开一切反面事物，生怕造成负面影响。特别是家长，生怕孩子受到伤害，对孩子总是反复叮嘱，不能干这个、不能干那个，不能吃这个、不能吃那个，恨不得将孩子装进一个堡垒里，使之不受任何伤害。简单说教不能引起孩子的足够重视，我们应适时适当地将“危险后果”告诉他们。

5. 活动体验法。通过开展丰富多彩的主题活动让幼儿体验安全防护技能。活动是幼儿教育的主渠道，通过活动让幼儿亲身经历整个过程，增加体验，增强安全意识，提高自我保护能力。如开展“注意饮食卫生”主题活动，告诉幼儿不吃路边的小吃，不吃“三无食品”，使幼儿懂得要吃干净的食物，饭前便后洗手等卫生习惯，让幼儿初步感知饮食卫生的重要性，增强自我保护意识；还可开展“发生火灾怎么办”的主题活动，通过观看录像、图片，使幼儿初步感知火对人们的益处和害处，通过模拟逃生的游戏，使幼儿了解安全自救逃生的常识，学习保护自己；还可以开展“保护自己办法多”“小小安全员”等类似主题活动，增强幼儿自我保护能力，让幼儿亲身体验安全自救的方法和技能，增强安全防护意识。

6. 趣味游戏法。通过生动有趣的游戏活动让幼儿掌握安全自救的技巧。游戏是幼儿最感兴趣的活动，也是最有效的教育方式，应充分利用游戏活动，让幼儿在轻松、愉快的气氛中进行自救技能训练。如针对幼儿对警察的崇拜心理，开展角色游戏“交通警”，让幼儿扮演他们所崇拜的警察叔叔，使之懂得过马路时要走斑马线，走失时要找警察叔叔帮忙，学会较熟练地说出父母的姓名、家庭住址、电话号码或用电话求救等。

7. 日常渗透法。通过一日生活常规中各个环节渗透安全教育。幼儿一日生活的各个环节都是安全教育的好时机，如晨检、午餐、散步、盥洗、户外活动等。幼儿教师、保育员、保健医等都应成为安全教育员，时时抓住机会对幼儿进行安全教育。

8. 家园互动法。家园密切配合能进一步深化幼儿的自我保护教育。幼儿的安全教育仅靠幼儿园的教育是远远不够的，需要家园合力，家长应密切配合幼儿园，强化幼儿的自我保护意识，培养幼儿的良好生活习惯，深化自我保护教育，家长平时应让幼儿做些力所能及的事情，培养幼儿的自理能力，使幼儿掌握照顾自己的本领。

三 实践与指导

一、幼儿园防止突发意外事故的安全措施

1. 提高认识，加强领导。
2. 建立各种制度。
3. 幼儿园所有工作人员要有强烈的安全意识，把幼儿的安全放在幼儿园工作的首位。
4. 园所的一切设施要牢固、简单、安全，没有尖角和裂缝并及时检查。
5. 做到定期检查和及时修理房屋、门窗、地板、楼梯、栏杆，平整地面等。
6. 做好防水、防烫、防溺水、防触电、防中毒、防走失等安全教育工作。
7. 园所常用的各种药物应贴上标签。给幼儿吃药时，必须仔细核对标签上的姓名、计量和时间。
8. 暂不使用的劳动工具应收藏在储藏室里，不让幼儿随便动用。
9. 带班教师来园后，首先检查一下教室里是否存在安全隐患，交接班时应随时清点人数。
10. 做好晨间检查工作：一摸、二看、三问、四查、五记。
11. 户外活动时，教师与幼儿共同制定规则，教师应随时清点幼儿人数。
12. 教师不能体罚幼儿，更不能把幼儿禁闭在空室里。
13. 保证每名幼儿都在教师的视线范围之内，不许随便走出活动室。
14. 体育活动、游戏、玩大型玩具时，防止出现意外事故。
15. 有生人或亲属来接幼儿时，必须与家长联系，得到允许后方可接走。

案例1

娃娃家的故事

佳佳在娃娃家中扮演着妈妈的角色，娃娃家的电话是佳佳的最爱，佳佳正在打电话：“消防车、消防车，我家着火了。”我很巧妙地扮演起消防员叔叔：“你家在什么位置？”佳佳没回答我的问题，又继续拨打120急救电话，还焦急地说：“120，120，我家宝宝发烧了。”我又自然地扮演起医生……

案例分析

佳佳的表现就是把已经记住的特殊电话号码在游戏情境中再现出来，教师在游戏中投放电话，也是为了让幼儿在游戏中熟悉巩固记忆特殊电话号码。所有材料的投放都是为了给幼儿创设情境，帮助幼儿在角色游戏中逐步学会说出父母姓名、电话号码、家庭住址等。

案例 2

如厕时的安全教育

一天午餐前，小朋友忙着洗手，一名幼儿不慎滑倒，后脑勺磕了一个血口。老师及时带领他包扎之后，便在现场对全班小朋友进行了随机教育：让幼儿知道摔倒时可能出现的状况，教会幼儿如厕时小心行走，不弄湿地面等。

案例分析

当然，让幼儿了解的危险后果应有选择，注意适可而止，不要造成负面影响。只有这样，才能让幼儿真正学会如何去思考和分析问题，如何去面对大千世界。

二、幼儿园突发意外事故的处理与急救

幼儿园安全无小事，管理者必须时刻绷紧安全规范管理这根弦，建立健全突发事故应急处理机制。当突发事件已经发生时，园方应急处理与有效管控的水平也是幼儿园综合实力和园长管理能力的重要体现。当前，随着学前教育的普及和发展，各地幼儿园里的孩子也越来越多。幼儿天性爱玩爱闹，而自控能力相对较弱，对事件的后果预判能力不足。几百个孩子长期处于一个相对封闭的环境中，难免会出现一些突发事件。只有持之以恒地做好幼儿园后勤管理工作，紧绷安全与管理这根弦，不放过任何一个可能造成隐患的细节，才能为幼儿园的日常运转提供可靠的安全保障。

（一）烫伤

如果被开水烫伤、蒸气烫伤或火烧伤，浅度的，就要立刻取来冷水或冰水，将受伤部位浸泡其中半小时至一小时，等到离开冷水后感觉不到疼痛，再把受伤部位的衣物慢慢地脱掉，接着用干净的敷料、绷带将其包扎好，送往医院。如果烫伤部位出现水泡，不要将其挑破，而应该用干净的纱布和绷带包扎好，去医院处理。家中或幼儿园应常备治烫伤、烧伤的药物，以备万一。

（二）异物入体

1. 咽部异物：鱼刺、鸡骨等卡在咽部，张开嘴仔细查看或带到保健室处理，用镊子将咽部的异物取出。

2. 气管异物：纽扣、豆粒、小粘贴、花生等堵塞气管，立即采用背部叩击法或腹部冲击法进行急救，情况严重的要及时送往医院救治。

3. 做好晨检、午检，及时发现安全隐患。

（三）高热惊厥的紧急处理

不要大声呼喊幼儿，更不能拍打、摇晃幼儿；保持幼儿呼吸道通畅，身体保持侧卧，马上找到手边任意硬物塞入幼儿口中，避免咬舌；采取物理降温，简单紧急处理后送医院或拨打 120。

（四）流鼻血

将幼儿头仰起，举起幼儿与流血鼻孔相反方向的手，并用冷水轻轻拍打幼儿额头和出血侧鼻翼 10 ~ 15 分钟。止血后可将一小块手纸轻轻塞进流血侧鼻孔，几分钟后将其拿掉。

（五）磕碰

1. 青、肿、瘀血：切不可用手揉捏受伤处，应让幼儿试着慢慢活动，确认有无大碍。如无大碍可在幼儿伤处涂适量芦荟胶以祛瘀消肿。

2. 破皮：用药物对受伤部位进行消毒。用棉签蘸适量碘酒或消毒水轻擦受伤部位进行消毒，应从受伤部位向外擦，避免细菌进入伤口引起感染。

（六）摔伤（跌落）

切不可轻易移动幼儿，应边安慰幼儿边观察幼儿反应，若骨折应用硬板固定受伤部位，并拨打 120。

（七）流血

遵循一捂二按三包方法：先将伤处捂住，再用手用力按住止血，之后用纱布包扎并送往医院。

（八）一般性擦伤

一般性擦伤在幼儿园比较常见，应及时用生理盐水清洁伤口，由内向外旋擦，洗去污物，然后涂上碘酒，不必包扎。

（九）手指挤伤

在日常生活中，门、铁闸、窗框、抽屉或者汽车门等最容易夹伤手指，夹伤后轻者出血肿胀，重者手指切断、指甲脱落等。

手指被挤伤时应先安慰幼儿，若皮肤无破损，可用水冲洗，进行冷敷，缓解疼痛。看见有出血处及时进行止血和消毒。如果出现紫色的出血现象或肿胀时，有可能是指部骨折，应及时去医院进行诊治。

（十）踝关节扭伤

踝关节扭伤时应立即脱下鞋子，举起伤脚。迅速冷敷。将冷毛巾或冰袋放在伤部，千万不要在冷敷前揉擦或按摩受伤部位，否则会使伤情加重。固定。冷敷后用弹力绷带扎紧扭伤部位，如果伤部剧烈疼痛，说明有骨折的可能，应及时送医院处理。

（十一）刺伤（木刺、金属屑或玻璃碎片）

肉眼看得见的小刺一般可以用镊子拔出，但要注意卫生，必须保证双手清洁，镊子和消毒针必须进行消毒后才可以使用。木屑等扎入皮肤后，如不将其全部清除，会引起感染。如果是大刺或已深入皮肤，切勿自行取出，应及时求助医生。

（十二）虫咬和蜇伤

挤压出刺入的毒液，如果出现严重过敏反应应立即就医。若出现疼痛水肿持续不减退，也应及时就医。

案例

进餐安全

进餐时间，夕夕小朋友不小心把汤菜碗弄翻了，手被烫红了，这时许老师快速把她抱到水龙头旁边，用自来水冲洗烫伤的部位，冲了二十多分钟后，许老师把保健医准备的烫伤药涂抹在夕夕的小手上，夕夕慢慢地安静下来，看着孩子已经好转的小手，许老师会心地笑了。

案例分析

这是该园小小班发生的案例，因为老师有对突发事故应急处理的经验与方法，才没有造成严重后果。如果老师没有及时处理，也许夕夕的小手就会因长泡结痂而留疤，后果难以想象。

三、幼儿常见传染病预防与控制

（一）水痘

1. 病因：由水痘带状疱疹病毒引起的感染性极强的儿童期出疹性疾病，经飞沫或被疱疹浆液污染的物品传播。

2. 临床表现

· 出疹前可出现前驱症状，如发热、不适、咳嗽、流涕、食欲不振等。

·发热1～2天后出现皮疹，初为红色小斑丘疹，数小时后变为圆形，有薄膜包围的“露珠”状疱疹，周围有红晕，伴有痒感，1～3天后疱疹变干结痂。以躯干、腰、头皮处多见，四肢稀少，呈向心性分布。常成批出现，在同一时间内可见斑丘疹、疱疹、干痂。口腔黏膜、咽部、眼结膜也可见皮疹，破溃后形成溃疡。

3. 并发症：最常见为皮肤继发感染，如脓疱疮、丹毒、蜂窝织炎，甚至由此引起败血症等，也可见脑炎、心肌炎等。

4. 预防和治疗

·对易感者接种水痘疫苗。水痘减毒活疫苗能有效预防易患幼儿发生水痘。

·室内注意通风，可用紫外线消毒，水痘流行多发期应密切观察班级疑似感染幼儿，教导幼儿勤洗手，注意个人卫生等。

·患儿应隔离至皮疹全部干燥结痂，但不得少于发病后两周。对有密切接触史的幼儿检疫三周。隔离期注意观察有无皮疹。对正在用激素、免疫制剂的患儿进行被动免疫或接种水痘疫苗。

·水痘是自限性疾病，无并发症时采取一般治疗和对症处理。患儿应隔离，加强护理，如勤换内衣、剪短指甲、戴手套以防抓伤和继发感染等。保持空气流通，供给足够水分和易消化食物。

（二）流行性感冒

流行性感冒是由流感病毒感染引起的急性上呼吸道传染病，一般经由飞沫传播。13岁以下儿童及青少年发病率高。

1. 病因：流感病毒感染。

2. 临床表现

突然起病，出现畏寒、高热、头痛、全身酸痛、乏力等症状。伴有轻度鼻塞、流涕、打喷嚏、咳嗽、咽痛等上呼吸道感染症状。恶心、呕吐和腹泻多见于幼儿，主要由外部刺激等因素导致。天气冷暖变化时发生较多，这是由于冷空气刺激肠胃，再加上不规律的生活习惯和不良饮食习惯等。病程持续约一周。

3. 并发症：肺炎、脑炎、脑膜炎、循环功能障碍等。

4. 预防和治疗：良好的卫生可以帮助预防感冒并阻止流感病毒在人群中的蔓延。

·咳嗽或打喷嚏时应用纸巾掩住口鼻；把用过的纸巾扔进垃圾桶，然后用抑菌洗手液洗手。

·养成良好卫生习惯，饭前便后要洗手；幼儿经常接触的玩具等公共用品表面要定期清洁消毒，尤其是门把手、扶手和水龙头。

·注意室内开窗通风。适当运动，增强体质；及时增减衣物；吃好早餐，营养合理；保证充足睡眠；多喝热水。

·避免与感冒或流感患者近距离接触；少去公共场所。患儿隔离至流感痊愈后。

·观察是否出现咳嗽、流涕等流感症状。对发热患儿进行物理降温并对症治疗。有并发症或继发感染者，采用相应的治疗措施。

（三）流行性腮腺炎

1. 病因：腮腺炎病毒感染

2. 临床表现

腮腺肿大、疼痛。可一侧或双侧同时肿大，以耳垂为中心向前、后肿大，边缘不清，有微热、触痛，不发红，无化脓。颊黏膜腮腺管口红肿，张口或嚼酸性物时疼痛加重。中度发热，食欲减退，全身不适，偶尔有腮腺始终不肿者。

3. 预防和治疗

·隔离患儿至腮腺肿完全消失后一周（病程两周左右），对密切接触者观察21天。注意观察有无发热或单、双侧腮腺肿胀。传染病流行期间应加强晨检、全日观察，及时隔离病儿。

· 腮腺炎流行季节，儿童活动室、卧室勤通风换气，勤晒被褥。

· 预防接种：可接种流行性腮腺炎减毒活疫苗。

（四）手足口病

1. 病因：手足口病是由多种肠道病毒引起的常见传染病。

2. 临床表现

大多数患者症状轻微，以发热和手、足、口腔等部位的皮疹或疱疹为主要特征，疼痛明显。部分患儿可伴有咳嗽、流涕、食欲不振、恶心、呕吐和头疼等症状。少数患者可并发无菌性脑膜炎、脑炎、急性弛缓性麻痹、呼吸道感染和心肌炎等，个别重症患儿病情进展快，易发生死亡。

3. 预防和治疗：手足口病传播途径多，做好幼儿个人、家庭和托幼机构的卫生是预防该病的关键。

· 饭前便后、外出后要用香皂或洗手液等洗手，不喝生水、不吃生冷食物，避免接触患病儿童。

· 看护人接触儿童前，替幼儿处理衣物、粪便等后均要洗手，并妥善处理污物，注意观察有无皮疹幼儿。

· 幼儿碗筷使用前后应充分清洗消毒。

· 本病流行期间不宜带幼儿到人群聚集、空气流通差的公共场所，注意保持家庭环境卫生，居室要经常通风，勤晒衣被。

· 幼儿出现相关症状要及时到医疗机构就诊。居家治疗的患儿不要接触其他幼儿，父母要及时对患儿的衣物进行晾晒或消毒，及时对患儿粪便进行消毒处理；轻症患儿不必住院，宜居家治疗、休息，以减少交叉感染。进行一般治疗和对症治疗。

（五）流行性脑脊髓膜炎（流脑）

1. 病因：脑膜炎双球菌感染。

2. 临床表现

前驱期主要为上呼吸道感染症状。多数进入败血症期表现为高热寒战，体温迅速上升到40 ℃以上。重症患儿出现神经系统症状，如不及时抢救可导致患者在24小时内死亡。

3. 预防和治疗

· 防止交叉感染，勤洗手、晒衣被，增强体质，及时接种流脑疫苗。

· 一旦高度怀疑患有流脑，应尽早使用细菌敏感的抗菌药，及时就医。

案例

家园合作度过传染病高发期

每年夏秋季节是手足口病高发期，所以很多家长一听到幼儿园有得手足口病的幼儿就会表现得非常慌张，甚至有的家长说："我们要不要在家休息啊？""孩子被传染了怎么办？"面对家长的忧虑和对幼儿园预防传染病的措施不信任，我心想：首先要安抚各位家长。随后我便说："各位爸爸妈妈，我们遇到手足口病时，不用过于害怕，虽然以前有幼儿被传染，那是因为那名幼儿在家和患手足口病的孩子一起玩。而且在得知她被传染后，我们的保育员老师也马上进行了消毒，最终其他孩子都没被传染，所以请大家放心。我们应该积极进行预防，让孩子养成勤洗手的习惯，避免去人多的公共场所。"家长们听后，开始信任我们，于是我们又详细地对家长们解读了保健室下发的手足口病的预防措施，还请家长配合我们的工作。家长们连连点头："现在我知道了，只要勤洗手，少去人多的地方，就会大大减少患病的概率。"

案例分析

季节交替是各种传染病的高峰时期，但其实只要和家长做好沟通，进行有效的家园互动，就能很好地控制传染病的发生。首先，消除家长的紧张恐惧心理，有的家长听到传染病一词，便开始紧张害怕，以致老师后面讲的话都没有听，导致不管老师说了多少种预防传染病的方法，他都没有听到。所以帮助家长消除紧张恐惧心理，才能让家长听清楚该怎么做。其次，了解各种传染病的症状和特点，才能及时进行正确的处理和治疗，才不会使传染病进一步扩散。在知道有幼儿患传染病后，对于还没有被传染的孩子来说，如何进行有效的预防才是家长最关心的，所以这部分更应该详细清楚地介绍给家长。只有家长和老师共同努力，才能有效地预防传染病的扩散，确保孩子健康成长。

思考与练习

一、简答

1. 如何提高幼儿的自我保护意识？
2. 如何预防传染病的发生和流行？

二、论述

1. 你是如何对幼儿进行安全教育的？
2. 幼儿园防止突发意外事故的安全措施有哪些？

三、案例分析

大班幼儿户外散步结束后，陆续进入到午睡室准备午睡。一个男孩在自己的床上边脱衣服边蹦跳，一不小心摔倒在床上，左边的耳朵被床的护板撞伤了，流了很多血。男孩大哭起来。当班老师发现孩子受伤了，立即打电话给园长和保健医。园长和保健医接到电话，火速来到班上，保健医仔细地查看了孩子的伤情，对伤口进行了简单的止血处理，随即带着男孩去医院治疗。同时联系了家长，请医生通过电话向家长说明了处理的方法：药物治疗或缝针。家长接受了医生的建议，选择在男孩的耳朵受伤处缝两针的治疗方案。随后，园领导和当班老师又带着营养品到幼儿家中进行探望，并向家长说明了事情发生的经过。家长表示理解，友好地接受了园方的诚恳歉意，最终事件得到了解决。

请尝试分析此案例，并结合幼儿园工作经验提出合理化建议。

参考文献

1. 刘文英 . 幼儿园安全教育常识［M］. 河北：河北大学出版社，2012
2. 王云峰等 . 儿童病防治必读［M］. 北京：人民军医出版社，2009
3. 中华人民共和国教育部 . 幼儿园教育指导纲要（试行）［M］. 北京：北京师范大学出版社，2001
4. 李季湄，冯晓霞 .《3–6 岁儿童学习与发展指南》解读［M］. 北京：高等教育出版社，2013

第六章 幼儿园班级管理

理论与指引

幼儿园的班级不仅是幼儿学习的主要场所，更是幼儿生活的温馨家园。幼儿在班级中的生活是其漫长社会化过程中的重要阶段，在其全部生活中占据举足轻重的地位。新《规程》第一章“总则”第三条明确指出：“幼儿园的任务是贯彻国家的教育方针，按照保育与教育相结合的原则，遵循幼儿身心发展特点和规律，实施德、智、体、美等方面全面发展的教育，促进幼儿身心和谐发展。”而最终落实在保教工作上，班级是实现保教结合任务的基本单位。

一、班级管理的内涵

幼儿园班级管理是指班级中的保教人员通过组织、计划、实施、总结、评价等环节，把班级内人、财、物、时间、空间、信息等资源充分运用起来，以达到高效率实现保育和教育目的的综合性活动。根据新《规程》第二章“幼儿入园和编班”中第十一条规定：“幼儿园每班人数一般为小班（3 ~ 4周岁）25人，中班（4 ~ 5周岁）30人，大班（5 ~ 6周岁）35人，混合班30人。”

幼儿园班级管理可使班级内人尽其才、物尽其用，有效提高班级内保教质量，调动家长参与班级管理的积极性，形成家园合作教育的良好环境，促进幼儿全面健康发展。

二、班级管理的内容

一般由生活管理和教育管理两方面组成。

（一）生活管理的内容

·学期初　填写幼儿名册、幼儿家园联系登记本；安排个人物品（如衣柜、毛巾、水杯）；了解幼儿基本生活习惯和性格特点；初步布置教育环境，安排室内设施；观察幼儿一日生活的行为举止，逐步了解幼儿。

·学期中　班级保教人员根据幼儿一日生活计划实施生活管理职责；做好幼儿上、下午来园、离园交接记录；保管好幼儿生活用品；保证幼儿活动场地的安全性和设施设备的安全检查；每周对活动玩具进行消毒，更换生活用品；观察、记录幼儿生活行为；定期对已完成工作进行小结和反思；总结经验，做好下一步工作计划。

·学期末　汇总平日对幼儿生活表现的记录，做好幼儿生活情况小结；总结班级幼儿生活管理工作，反思成绩与问题；向家长介绍幼儿在园生活情况，指导家长科学管理幼儿假期生活；整理室内外环境，对集体用品、材料进行清点保存。

（二）教育管理的内容

·学期初　结合家长介绍和幼儿园观察分析，完成对班级每名幼儿发展水平的初步评估，并做记录；根据幼儿园整体计划和班级幼儿整体发展水平，制订适宜的教育计划；教师和幼儿共同布置班级教育教学环境；班级保教人员共同制订各项教育活动的组织形式及基本常规；初步建立师幼友好、协调的关系。

·学期中　日工作：检查教育教学计划，了解当日教育活动内容；准备好当日教育活动所需要的材料，保证材料科学地分配；按照计划进行教育教学活动；在活动中做好观察分析记录；完成当日教育教学内容。

周工作：提前制订周教育计划和各项活动安排，制订每日教育教学活动方案；依据教育活动需要做好活动准备；周末整理教学材料，做好归类归档。

月工作：月初制订每个月的教育目标，做好教学进度安排；月末整理各种教育材料与资料；布置更新环境创设。

·学期末 整理教育活动方案；做好每名幼儿学期总结评估，以多种形式反馈给家长；完成教师自身学期工作总结；教育活动剩余材料清点与保存。

三、班级管理的原则

（一）主体性原则

体现教师是班级的主体管理者，教师要充分发挥主动性、创造性，根据自身的专业化水平，结合班级实际，总结管理策略，提出各项方案计划，运用理论和实践经验打造高质量的班级管理。

（二）整体性原则

班级是一个整体，整体性原则保证了班级全体幼儿的稳步发展，而不是个别幼儿的发展进步。针对幼儿参差不齐的发展水平，教师要有行之有效的施教策略，促进全体幼儿健康和谐发展。

（三）参与性原则

参与性原则是指在幼儿活动中，教师要以支持者、引导者的身份参与其中，而不是以权威角色指挥其中。在活动中以幼儿为主体，师幼身份平等，在得到幼儿允许后方可参与到活动中。

（四）高效性原则

高效性原则是指在班级管理中要以最少的人力、物力、财力和时间，尽可能使幼儿更全面、更健康地发展，使班级呈现出更具凝聚力和朝气蓬勃的面貌。

三 依据与准则

一、《指南》与班级管理

2012年10月，国家教育部印发了《指南》，其根本目的是促进幼儿获得全面、基本的发展。通过科学地阐述3～6岁幼儿学习与发展的目标和教育建议，引导幼儿园教师和家长在了解幼儿发展的基本规律和特点基础上，建立对幼儿的合理发展期望，实现科学的保育、教育，让幼儿度过快乐童年。《指南》的下发，对更好地提高幼儿园班级管理质量起着关键作用。

（一）目标具体化

幼儿园班级管理的宗旨是更好地落实幼儿一日活动保教质量。《指南》针对不同领域学习内容，对各个年龄阶段幼儿的学习与发展提出了具体目标，班级生活的每一个环节在《指南》目标的引领下逐渐有效地进行，最终达到提高班级管理质量的目的。

（二）指导细致化

《指南》中各个年龄阶段幼儿发展末期的典型特征一目了然，具体的典型现象代表幼儿发展的进程，使教师管理班级幼儿一日生活更有章可循，也为教师在班级总体教育质量的把握上提供了科学、系统的指导，但教师在教学过程中切忌使用一把尺。在《指南》教育建议中，针对不同发展速度的幼儿提出了非常细致的促进发展的办法，这应该是幼儿教师更需重点关注的内容。

二、班级管理中存在的问题及注意事项

（一）班级计划的制订和实施

在组织和实施幼儿一日活动中，部分教师仍存在按部就班的情况。不能按照本班实际和幼儿现有发展水平制订班级管理计划，不科学地制订计划导致计划实施的低效或无效。

在《指南》引领下，教师要根据本班幼儿实际发展水平，结合教育大纲，制订切合实际的班级管理计划。在计划实施过程中，根据幼儿整体发展的速度，灵活地对计划进行修改和调整，支持和引导幼儿在原有水平上按照自身发展速度向更高水平发展。

（二）常规习惯的培养

通过对幼儿园多个班级幼儿进行观察，会发现有的班级幼儿在保证其天性的基础上能够有秩序地开展活动，有礼貌地与人问好，有独立的生活自理能力……而有的班级幼儿在教育活动中注意力不够集中，生活活动中自理能力较弱。不同班级幼儿在行为表现上有较大差距。

教师要以爱为出发点，建立积极有效的师幼互动，在一日活动过程中帮助幼儿建立规则意识，引导幼儿遵守各项基本规则，促进幼儿良好常规习惯的养成。

（三）保教结合的落实

幼儿园班级管理要在做好保育工作的基础上开展教育活动，而个别班级在保育员和教师角色身份上有所区分，保育员只负责幼儿一日吃、喝、拉、撒、睡，教师则单一负责教育活动的组织与实施。这与幼儿园保教结合的内涵完全相悖。

班级要树立先进的管理理念，确定保教结合的重要性。具有“多位一体”的教育高度，明确保育和教育相辅相成的关系。在团结协作的基础上提高整个班级教育质量，促进幼儿生活能力和学习能力全面发展。

二 实践与指导

一、幼儿园班级管理的方法和策略

（一）情感沟通法

情感沟通法是指激发和利用师生间或幼儿间以及幼儿对环境的情感，引发或影响幼儿心理和行为的方法。

幼儿情感容易受外界因素影响，教师要做到：

1. 善于捕捉幼儿的情感和情绪。在幼儿园一日生活中，教师对幼儿的各种行为表象要敏感，针对幼儿的情绪和情感要善于观察，勤于总结。

2. 经常进行移情训练。培养幼儿从他人困境出发，站在他人角度思考问题，产生助人思想和行为，为将来亲社会行为发展奠定基础。

3. 保持和蔼可亲的个人形象。对小班幼儿，适宜多用肢体语言（如摸一摸、抱一抱、拉拉手等）来传达爱意，让孩子感受到教师对自己的爱护、关心，使孩子产生安全感、亲切感。而到了中、大班，则适宜多用表情、语言去感染孩子，一句真心赞美的话语，一个鼓励的眼神，一个会心的微笑，都会使幼儿感受到教师的爱。

案例

坐在地上午睡的小女孩

新小班刚开班，有一个叫小行的小女孩被妈妈送到班级。观察中老师认为小行应是在妈妈年龄较大时出生的。别的小朋友都上床睡觉了，她却不上床，坐在墙角处，任凭老师怎么施展计策她都不上床，而且一直哭泣但不发出声音。老师找来泡沫垫想让她坐在上面，说了许久她才同意。这时候，多数孩子都睡着了，可小行却依然精神十足，好像一点儿也不困。这时另一位老师拿了块泡沫垫坐在她旁边，过了好一会儿，她终于有困意了，老师刚想抱她去床上睡觉，她却醒了。如此反复了两三次，她终于歪着小脑袋睡着了，老师赶紧把她抱到床上，但没过一会儿，起床时间到了，为了让她多睡一会儿，两位老师把她的床抬到办公室。晚上小行妈妈来接孩子时，老师把午睡的经过告诉了她，并提出回到家要积极做孩子的思想工作。第二天中午，小行虽然不是很情愿，但在老师耐心的解释下，她渐渐地不警惕老师了，最终拉着老师的手上床睡觉了。

（二）规则引导法

规则引导法是指用规则引导幼儿行为，使其与集体活动方向和要求保持一致。

规则引导法应注意的事项：内容要明确而简单；为幼儿提供实践机会，在活动中形成规则并掌握；保持规则一致性。

案例

带来的玩具怎么玩

中班的很多孩子都愿意带自己喜欢的玩具来班级，可经常有孩子因为抢夺玩具而吵架，有的幼儿还会在教学活动中偷偷将玩具拿出来玩。学期初，教师禁止幼儿带玩具到幼儿园，但这种行为屡禁不止。玩是孩子的天性，玩具是孩子的天使，禁止不是解决问题的办法，应该让孩子学会自己管理自己。针对这个问题，老师首先发问："你们喜欢带自己的玩具来幼儿园玩吗？"孩子们一致表示愿意。老师又问："但每次都有小朋友抢玩具怎么办呢？"有的幼儿马上说："应该在拿别人玩具之前问问别人同不同意，同意就拿，不同意就不能拿。"老师马上肯定了这个孩子的说法。于是老师提议，在班里建立一个玩具分享区，大家交换玩具玩，让每名幼儿自愿带来一个自己喜欢的玩具。通过讨论他们还制定了有关规则，如不能损坏玩具，要经过别人同意才可以交换，上课时不能玩等。让孩子自己亲身参与讨论并制定规则，充分发挥了民主性，调动了孩子的积极主动性。通过活动既满足了孩子带最喜欢的玩具上幼儿园的心愿，也避免了孩子因为争抢玩具而吵架，同时也让孩子学会了与人分享和上课专心听讲。

（三）互动指导法

互动指导法是指教师、同伴、环境等相互作用的一种方法。

互动指导法需要注意以下几点：

1. 适当性。教师的互动指导要根据幼儿的身心发展水平、个性特征及活动的性质和情境来确定。不要过度指导，也不要缺乏指导。如果幼儿所进行的活动是比较熟悉的反复练习的常规活动，教师可让幼儿进行充分自主的活动；如果是幼儿第一次接触的学习材料，那么教师就要进行适当的指导，让幼儿了解材料的特性和基本用法，避免幼儿在活动中受到伤害。

2. 适时性。在幼儿园里，有些指导适合在活动前进行（以幼儿不受伤害为前提），而有些指导适合在活动后进行。如开展户外肢体开放式的体育活动，为避免幼儿相互间发生肢体碰撞，要进行前指导；在进行某些规则性游戏和自主体验活动时，可让幼儿独自去进行，然后进行指导，目的是让幼儿总结经验，更深刻地掌握互动行为和方法。

3. 适度性。所谓指导的适度性是指教师在指导幼儿活动的时候要有分寸，不要过于笼统，也不要过于细致。应根据幼儿现有理解能力和行为水平进行帮助和指导，切忌不要把指导变成对幼儿的行为规范，使幼儿失去独立思考的机会。如角色游戏中，幼儿反复重复一个角色行为，此时教师可引导幼儿转化为其他活动行为。

（四）榜样激励法

榜样激励法是指通过树立榜样、学习榜样以规范幼儿行为，从而达成教育目的。

榜样激励法是幼儿园使用率较高的一种管理办法，运用此办法要注意以下几点：

1. 榜样的形象要健康、积极、向上。榜样的选择非常广泛，可以是幼儿喜欢的人、动物、植物，也可以是充满正能量的一切事物。

2. 榜样的树立要公正、有认可度。在集体中树立的榜样要得到大家一致认可，并且榜样的言谈举止能够激发大家形成良好的行为习惯，产生对榜样行为的学习与表现欲望。

3. 榜样行为要得到及时反馈。如某幼儿早上入园后主动为班级植物浇水，教师对其表现进行赞扬并暗示孩子们要向他学习。接下来的几天，都有幼儿积极主动早来园为班级植物浇水，甚至其他幼儿来园后主动帮助保育员老师擦桌椅、摆放物品……教师对这些孩子的榜样行为要及时给予肯定与赞扬，激发他们的榜样行为更持久。

（五）目标引导法

目标引导法是指教师以行为结果作为目标，引导幼儿的行为方向，规范幼儿行为方式的一种管理方法。从行为的预期结果出发，引导幼儿自觉识别行为正误是目标指引法的基本特点。需要注意以下几点：

1. 目标要明确具体。由于幼儿理解能力、记忆能力有限，教师提出的活动目标要形象、具体，不要过于抽象，目标数量要符合幼儿的年龄特点，不要过多。

2. 目标要切实可行，具有吸引力。教师提出的目标对于幼儿要有一定的吸引力，而且能够使幼儿欣然接受。

3. 目标与行为的联系要清晰可见。在活动中，随着幼儿心理不断地调整、变化，转化成幼儿的行为变化，从而不断向目标推进。

思考与练习

一、简答

1. 幼儿园班级管理的意义是什么？

2. 结合工作实际，谈谈你是如何管理班级的。

二、案例分析

没玩着的小数棒

一天早上，中三班的徐老师正在门口接待家长送幼儿入园。这时，涵涵的妈妈满脸不悦地走向徐老师，她刚到门口便说："徐老师，昨天涵涵说小朋友们都玩了小棒棒，就她没玩。"徐老师一听马上打断她的话说："不会发生这种情况，有些孩子可能因为不想来幼儿园，所以找各种借口。"这时，门口聚集的家长越来越多。涵涵妈妈说："涵涵从来都不说谎！"徐老师说："那您是不相信我啦？"……局面僵持，沟通中断。

尝试分析此案例发生的原因，结合实际工作提出合理建议。

参考文献

1. 唐淑，虞永平 . 21 世纪班主任文库——幼儿园班级管理（综合卷）［M］. 南京：南京师范大学出版社，2004

2. 基础教育教学研究课题组 . 幼儿园班级管理及幼儿常规培养［M］. 北京：高等教育出版社，2011

3. 丁海东 . 今天这样做幼儿园教师［M］. 北京：北京少年儿童出版社，2013

4. 罗生全，李本友 . 家庭教育学——幼儿教师篇［M］. 北京：中国轻工业出版社，2015

5. 李季湄，冯晓霞 .《3–6 岁儿童学习与发展指南》解读［M］. 北京：人民教育出版社，2013

第七章 幼儿园家园共育

理论与指引

《纲要》中指出：“家庭是幼儿园重要的合作伙伴。应本着尊重、平等、合作的原则，争取获得家长的理解、支持和主动参与，并积极支持、帮助家长提高教育能力。”新《规程》中指出：“幼儿园应当主动与幼儿家庭沟通合作，为家长提供科学育儿宣传指导，帮助家长创设良好的家庭教育环境，共同担负起教育幼儿的任务。”苏霍姆林斯基说：“教育的效果取决于学校和家庭教育影响的一致性，如果没有这种一致性，那么学校的教学和教育过程就会像纸做的房子一样倒塌下来。”

一、家园共育的概念和意义

家园共育是指充分发挥幼儿园教师和家长双方的积极性，挖掘潜力，形成合力，努力完成幼儿教育目标，促进幼儿身心健康发展。

3 ~ 6 岁阶段是人类发展的关键时期，这个时期容易受到外界环境的影响。在幼儿成长发展的过程中，幼儿园教育和家庭教育各有优势和局限，只有两者紧密结合，彼此互补，相互渗透，才能形成促进幼儿发展的共同体，帮助幼儿获得更好的成长与发展，这也是幼儿园家园共育的核心价值所在。

二、家园共育的原则

家园共育为家长和教师同时提供了学习与提高的机会，在共同教育过程中，要以学习者、教育者的心态，树立以促进幼儿发展为目标的共同宗旨，实施家园共育。

（一）沟通的平等性

家园沟通的关键在于教师与家长之间要建立相互信任、尊重、平等的合作关系。教师要充分理解和信任家长，了解家长的困惑和需求，坦诚相待，将幼儿在园的一日生活情况如实反馈给家长。针对不同职业、工作性质的家长不能“看人下菜碟”，要秉承一视同仁的专业态度，用心与心的真诚交流，激发家长积极合作的态度，从而达成教育共识。

（二）语言的艺术性

通过语言交流，教师要善于捕捉每位家长的性格、家庭背景、经济状况等，了解家长对孩子的教育方法和教育期望。根据不同家长采用不同的沟通方式，因人而异、因事而异、因地而异，找好沟通的切入点。

（三）形式的多样性

随着信息技术的不断发展，家园共育的沟通途径也越来越多样化。更多的现代化技术被运用在家园沟通中，如幼儿园的教育网站、QQ、微信、视频电话等，教师能及时上传信息，通知到每位家长。除此之外，有效沟通、家长联系栏、家长信箱、家园联系手册、家长会、家长开放日、家访、幼儿发展记录表，开展各类体验活动、亲子活动、游园活动、社会实践活动、亲子运动会等，都能让家长更全面了解幼儿在园生活，促进家长教育方式方法的改善和教育理念的提升。

（四）教育的一致性

1. 家庭成员间的一致。不同的家庭成员对幼儿的教育理念、教育目标、教育行为和手段要达成一致，才能促进幼儿更好成长。在现实生活中，我们总是能看到这样的现象：隔辈人教育孩子多数以娇惯、顺从为主，年轻人相比之下要求较严格；或者针对孩子做错的一件事爸爸偏袒护短，妈妈则暴跳如雷。这种不统一的教育方法会导致幼儿无所适从，久而久之形成双重人格。

2. 家庭与幼儿园的一致。家庭是孩子学习的第一个场所，家庭教育是最基本、最简单的，而幼儿园教育则是科学的、系统的、高效的、长远的。只有两者向着同一个方向努力，孩子的未来才会更美好。如幼儿园在组织幼儿练习使用筷子，幼儿回到家后家长为了进食快让孩子使用勺子；幼儿园要求幼儿过马路要遵守红灯停、绿灯行，而家长却带着孩子闯红灯……这种南辕北辙式的教育方式会让孩子认知模糊，甚至不会明辨是非。

（五）反馈的及时性

幼儿在园的一日生活涉及吃、喝、拉、撒、睡等众多环节，教师要学会观察，将幼儿的独特举动和行为记录下来，利用适宜途径及时与家长沟通，使家长能够根据幼儿在园表现做出适时、适宜的调整策略。

案例

小一班刚刚学了“你有家，我有家，大家都有家”的儿歌。小朋友们去小便时，灵灵边走向卫生间边说：“你有尿，我有尿，大家都有尿。”老师及时把这个小事件写成文字，粘贴在家园联系栏“每日一星”里，晚上家长来接孩子，看到这段文字都站在班级门口笑个不停。

案例分析

每位家长都希望看到自己孩子优秀的一面，教师在反馈过程中，不仅会引起被观察幼儿家长的注意，而且会引起其他家长对自家孩子的思考，促进家长对幼儿园教育进行延伸教育。

三 依据与准则

《指南》“说明”中明确指出：“《指南》以为幼儿后继学习与终身发展奠定良好素质基础为目的，以促进幼儿体、智、德、美各方面的协调发展为核心，通过提出 3 ~ 6 岁各年龄段儿童学习与发展目标和相应的教育建议，帮助幼儿园、教师和家长了解 3 ~ 6 岁幼儿学习与发展的基本规律和特点，建立对幼儿发展的合理期望，实施科学的保育和教育，让幼儿度过快乐而有意义的童年。”

一、《指南》对家园共育的要求

（一）尊重幼儿身心发展规律和个体差异的存在

了解幼儿发展的客观规律是开展家园共育的基本前提。幼儿在发展的过程中存在能力、经验、水平等诸多因素的差异，需要成人接纳和尊重。幼儿的教育要以保护其与生俱来的好奇心和动手操作的学习欲望为前提，让幼儿按照个体的自然成长法则健康快乐成长。

（二）理解幼儿的学习方式和特点

成人要理解幼儿以游戏为基本活动的学习方式，这是家园共育的基础。幼儿园和家庭要创设适合幼儿年龄阶段的教育环境，最大限度地支持和满足幼儿探究学习的需求，参与到幼儿活动中，适时引导幼儿在和同伴交往中感知经验、分享快乐和享受成功。

（三）注重家庭因素的影响

家长的受教育水平不同，对孩子的教育能力水平便不同。如幼儿刚入园时，教师针对每名幼儿行为特征进行初步的观察分析，会发现不同行为特征幼儿的背后一定有与之相对应匹配的家长。因此，家长在日常生活中需注意自己的言行举止，树立榜样形象，引领幼儿向健全的社会人发展。

二、家园共育存在的问题及注意事项

《指南》的出台不仅指导幼儿园和教师对幼儿进行科学、系统的教育，更为广大家长科学育儿提供了权威性的参考和指导。但在实施过程中仍然存在问题。

（一）家园共育地位不平等

当下的幼儿教育仍表现出以幼儿园教育为中心，家长仅以听从教师的指挥和任务分配为

主要共育行为。导致教师和家长之间缺乏沟通，家长也很少积极主动对教师表达真实的想法和建议。这种不和谐的因素造成教师和家长关系的不平等。

平等沟通是良好的家园共育关系的重要体现。只有在平等基础上，家长和教师才能进行充分的交流和合作。教师和家长要建立同为教育者的角色观念，只是教育环境不同、教育地点不同，但教育目标一致。

（二）家园共育任务不明确

部分教师和家长对幼儿园家园共育的内涵并不理解，家长仍处在配合教师完成教学任务阶段。而对其如何陪伴幼儿形成良好的行为习惯、高尚的道德情操等方面却严重缺失。

教师首先要明确幼儿教育的核心目标，通过多种形式向家长宣传家园共育的内容和方法，使家长形成对教师的理解与信任。针对教师制订的家园共育计划，有效实施家庭教育，促进幼儿全面发展。

（三）家园共育观念不正确

幼儿园教育与家庭教育相辅相成，即家庭教育是幼儿园教育的基础。但仍存在家长受传统观念的影响，认为教育是幼儿园的事情，家长只要负责吃、喝、拉、撒、睡就可以，缺乏教育幼儿的专业理念和家园共育的意识。

作为新时代的幼儿家长，要改变陈旧教育观念，不要过早地给孩子灌输知识，如背诵古诗词、读写拼音、做加减运算等。殊不知这些现象的背后，幼儿的爱好和学习欲望都在不经意间被剥夺。因此，在注重幼儿智力发展的同时，更要重视伴随其一生的非智力因素的培养，树立科学的家园共育观，实现家园共育价值最大化。

三 实践与指导

一、教师与不同类型家长的沟通技巧

热情交际型：婉然拒绝；冲动直率型：微笑静听；依赖退缩型：积极引导；支持响应型：鼓励赞扬；苛刻高傲型：自信从容；随意放任型：耐心执着。

案例

感谢信

新年的脚步越走越近，在元旦即将来临之时，乐乐的家长为我们的班级带来了漂亮的装扮物品，有拉花、彩灯、风铃、圣诞树、彩条、雪花片等，孩子们一起动手装扮班级，烘托了班级的节日气氛，同时让孩子们感受到了集体制作的乐趣。在一张张稚嫩的小脸上，我们看到了兴奋、愉快和满足。

在这里，我谨代表小二班的三位老师和全体小朋友对乐乐的爸爸、妈妈表示最真挚的感谢，感谢您的细心和对这个大家庭的支持，也鼓励我们在以后的工作中，能够更加努力，更加用心地教育好我们的孩子。谢谢！

案例分析

一封满怀感激的感谢信贴在家园联系栏最醒目的位置，不仅让支持班级工作的家长心里暖暖的，同时唤起其他家长的感激之情和日后支持班级工作的想法，对班级工作的开展起到积极促进作用。

二、家园共育的途径

陈鹤琴先生说：“幼稚教育是一件很复杂的事情，不是家庭一方面可以单独胜任的，也不是幼稚园一方面可以单独胜任的，必定要两方面共同合作方能得到充分的功效。”家园共育的方式方法有很多，在此，分享几种目前最常用的途径和方法。

（一）有效沟通

1. 接送沟通。利用早晚接送幼儿时间，有针对性地和家长进行语言交流，对幼儿近期生活和学习情况做到基本了解。

2. 电话沟通。由于接送幼儿的人员身份不固定，对于不经常接送幼儿的家长，电话沟通是非常必要且有效的途径。

3. 网络平台沟通。QQ、微信、幼儿园网站、电子邮件为幼儿园和家长之间架起一座及时沟通的桥梁。

4. 文字沟通。

（1）观察记录。定期对幼儿进行观察记录，包括在园表现、发展现状、生活规律、优点和不足，再将这些信息反馈给家长，幼儿园和家长形成共同目标，合作教育。

（2）家长问卷。家长问卷是教师根据活动需要设计的问卷，要求家长在规定时间内完成，通过教师审阅，了解幼儿信息的一种方法。

（二）召开家长会

家长会是幼儿园实施家园共育最常规的有效途径之一。在家长会上，公布班级近期工作计划、分享幼儿点滴进步，针对共性问题与家长共同分析，找寻策略，达成一致。

（三）设置家园联系栏

根据班级实际，设置不同家园互通栏目，使幼儿园的各项工作计划、活动呈现一目了然。

（四）成立家长委员会

家长委员会具有参与、配合、督促、沟通四大功能。由班级具有代表性的若干家长组成，协助幼儿园各项工作的开展。

（五）举办家长学校

家长学校是以家长为对象，有目的、有计划、系统地向家长传授家庭教育的科学知识，交流推广家教经验的一个组织。

（六）组织亲子活动

通过家长与幼儿共同参与的各类亲子活动，促进幼儿与家长的亲子关系，并帮助家长更直接了解幼儿的发展状态。如游园活动、采摘活动、运动会、艺术表演、游戏活动等。

家园共育已不是学前教育的新话题，大量研究证实：家长与幼儿园建立协作关系将有效帮助教师增进对幼儿的了解，从而提高教学的有效性。也将有助于提升父母教养的能力，最终有益于幼儿的发展，更好地促进幼儿园班级管理，推进幼儿园保教质量不断提高。

思考与练习

简答

1. 幼儿园家园共育的原则有哪些？
2. 试述幼儿园家园共育的途径和策略。

参考文献

1. 唐淑，虞永平 . 21 世纪班主任文库——幼儿园班级管理（综合卷）[M]. 南京：南京师范大学出版社，2004

2. 基础教育教学研究课题组 . 幼儿园班级管理及幼儿常规培养 [M]. 北京：高等教育出版社，2011

3. 丁海东 . 今天这样做幼儿园教师 [M]. 北京：北京少年儿童出版社，2013

4. 罗生全，李本友 . 家庭教育学——幼儿教师篇 [M]. 北京：中国轻工业出版社，2015

5. 李季湄，冯晓霞 .《3–6 岁儿童学习与发展指南》解读 [M]. 北京：人民教育出版社，2013

第八章 幼儿园环境创设

理论与指引

蒙台梭利说："在教育上，环境所扮演的角色相当重要，因为孩子从环境中吸取所有的东西，并将其融入自己的生命之中。"《指南》指出：创设丰富的教育环境，最大限度地支持和满足幼儿通过直接感知、实际操作和亲身体验获取经验的需要。因此，在幼儿园，环境是重要的教育资源，良好的环境创设与利用能使幼儿在与环境的互动中获得认知与建构、交往与合作等各方面能力的发展。

一、幼儿园环境的内涵

幼儿园环境是指幼儿园内幼儿身心发展所必需的一切物质条件和精神条件的总和。它包括物质环境和人文环境两大部分。

（一）幼儿园物质环境

幼儿园物质环境也是显性环境，它是幼儿园的空间、设施、设备及活动材料等，应满足幼儿学习、生活、娱乐等各种活动的需求，有利于引发幼儿的主动探索和幼儿间的交往，促进幼儿身心全面发展。

（二）幼儿园人文环境

幼儿园人文环境也是隐性环境，指由人际关系、文化观念等无形因素交织在一起形成的气氛或氛围。它是幼儿园生存和发展的内涵和灵魂。幼儿园精神环境是指符合幼儿的审美情趣，令其身心轻松愉快的亲切温馨的气氛。在《幼儿园教师专业标准》中指出："建立良好的师幼关系，帮助幼儿建立良好的同伴关系，让幼儿感到温暖和愉悦。"幼儿的学习离不开环境的支持，这是幼儿的年龄特点和思维方式所决定的。

二、幼儿园物质环境（墙饰）的种类

让每一寸空间都具有教育价值，每一面墙饰都能与幼儿互动，幼儿园墙饰按照内容不同分为与主题相适应的主题墙饰、与幼儿自理能力相适应的常规墙饰、与区域内容相符合的区域背景墙饰、与幼儿生活秩序相适应的功能墙饰。

主题墙饰：展示主题活动关键经验，记录幼儿重要阶段学习的过程记录。

常规墙饰：体现值日生一系列相关活动的墙饰。

区域背景墙饰：符合相关区域目标与相关材料步骤的墙饰，如各区域规则及某项工作程序等。

功能墙饰：体现某项技能及程序的墙饰，如洗手程序图。

三、幼儿园环境创设的原则

（一）安全性原则

在幼儿园环境中，不仅物质环境要安全，精神环境也要安全。为幼儿创设安全的环境包括以下几点：

1. 大型建筑的安全：定期对房屋、大型玩具进行检查。

2. 玩教具的安全：幼儿园购置的玩具材料应符合国家安全标准，无毒、无味。

3. 装饰材料的安全：幼儿园进行装修、装饰时，材料应符合国家安全标准，装修后应进行专业的检测。

4. 卫生消毒的安全：班级对玩具、图书、床上用品及空气的消毒，应不在幼儿活动期间进行。

5. 合理用电的安全：幼儿园用电是否安全合理，方便使用。

6. 种植的安全：夹竹桃、仙人球、红掌之类的植物不宜在幼儿园种植。

7. 幼儿心理健康的安全：加强师德建设，为幼儿打造良好的心理健康环境。

（第 1 ～ 6 点是物质环境的安全，第 7 点是精神环境的安全）

（二）适宜性原则

适宜性原则既要动静相宜，也要因地制宜。

1. 动静相宜。根据班级空间大小、班级幼儿人数，合理规划区域，动静分开，让幼儿活动不受影响。如可在活动室内安排一些安静的区域活动，包括图书区、益智区、美工区、操作区等；将表演区、建构区一些需要幼儿之间相互沟通、合作，相对吵闹的区域设置在走廊或寝室，远离安静区域，这样幼儿在区域活动中可不相互干扰，更专注于自己的活动。

2. 因地制宜。在幼儿园环境中，教师应巧妙规划活动室的空间、场地，如美工区与科学区可以安排在距离盥洗室比较近的地方，方便幼儿进行艺术创作时取水；阅读区布置在温馨、阳光充足的地方，使幼儿轻松地享受阅读的快乐时光。对于墙饰也要采用因地制宜的方法，如主题墙饰可选在醒目的、面积较大的位置；区域背景墙饰可选在区域中；常规墙饰可选在面积较小的方便幼儿练习的位置。

（三）目标性原则

环境是幼儿园课程的重要组成部分，教师在创设环境和投放区域材料时杜绝盲目、无目的地投放。谨记思考在前，行动在后。

1. 根据《纲要》《指南》确定总目标。

2. 与主题活动相融合，挖掘活动的核心价值，注重生成具有教育目的性的操作材料，不要形式化。

3. 根据班级幼儿实际、身心特点制定目标。如学习性区域中，小班幼儿投放的扑克牌材料，原本只提供幼儿区分花色、比较大小以及点数等玩法，随着幼儿年龄的增长，简单的玩法已经不能满足他们。这时，可以根据幼儿的特点，增添具有挑战性的扑克牌接龙，单、双数，相邻数，加减练习，同时可以提供记录表，使幼儿直接看到自己的操作成果。

（四）参与性原则

陈鹤琴先生指出："通过儿童的思想和双手布置的环境，可使他对环境中的事物更加了解，也更加爱护。"幼儿园应该注重为幼儿提供获取新知识、新经验以及锻炼双手技能的机会，让孩子参与设计、提供材料与作品、布置，然后利用环境进行活动。将环境与区域做到真正意义上的"要我做"转变成"我要做"。

（五）趣味性原则

在环境创设与区域活动中，教师应该更多关注幼儿的兴趣与需要。

1. 创造性区域材料应注重环境与材料充分满足幼儿的兴趣需要。如表演区根据幼儿需求增添角色服装。也可投放半成品，让幼儿自产自销。

2. 学习性区域材料的投放不仅应具有操作性，玩法多样性，更应具有趣味性，这样才能够激发幼儿的兴趣和探索欲望。

3. 过时及幼儿兴趣点不高的材料，应分析原因，更换材料或赋予新玩法，增加趣味性。

（六）实效性原则

幼儿园环境和区域都应讲究实效，避免花哨。在注重美的同时，还应注重实效性，想一想，我们为谁而做？做的目的是什么？做这些能带给孩子什么？孩子们获得了哪些发展？

依据与准则

一、相关文件的概述

《纲要》中指出：环境是重要的教育资源，应通过创设和有效地利用环境影响幼儿。

《幼儿园教师专业标准》对幼儿园教师环境的创设与利用能力提出：创设有助于促进幼儿成长、学习、游戏的教育环境；合理利用资源，为幼儿提供和制作适合的玩教具和学习材料，引发和支持幼儿的主动活动。

《指南》中指出：创设丰富的教育环境，最大限度地支持和满足幼儿通过直接感知、实际操作和亲身体验获取经验的需要。

二、以《指南》为引领，实施有效环境创设

互动性：与环境互动、与材料互动，帮助幼儿通过自己的特有方式与周围环境互动，建构经验。

差异性：尊重每一个发展中的个体，教师应根据个体的差异性，提供不同层次的材料，满足幼儿的需求，促进幼儿在自身原有水平上有不同程度提高。

开放性：开放的环境和区域材料让幼儿活动更加自主，让幼儿思维更活跃。

多元性：鼓励幼儿多元的表现方式。如主题墙饰小树吐芽，孩子们在散步的时候，看到吐芽的小树，欢呼雀跃，回到班级后，运用不同的表现方法表现小树吐芽，手指点画、棉签画、彩笔画、粘贴画等，教师将幼儿表现的小树组合成小树林。

实践与指导

一、幼儿园精神环境创设策略

（一）建立平等的师幼关系

教师应通过一日生活中幼儿的接触，严格按照《幼儿园教师专业标准》的要求，领会其内涵，树立正确的保教观，科学定位教师角色，合理利用多方面的资源支持，与幼儿共同建立起平等的师幼关系。平等的师幼关系还体现在师幼对话中，听从幼儿的想法，学会读懂儿童；体现在日常活动中，支持幼儿的意愿，帮助幼儿实现想法，学会相信儿童；体现在对幼儿的活动观察中，学会欣赏儿童。

（二）建立和谐的家园关系

用专业的知识帮助家长了解学前教育的特点，陈鹤琴先生认为："儿童教育是整个的，继续的……做父母的应当知道小孩子在幼稚园里做些什么，学些什么。"教师应善于运用多种方式与家长建立和谐的家园关系，更多地了解孩子，让每一个孩子都能富有个性地发展，也能在自身基础上得到提高。

（三）建立互助的幼幼关系

幼幼关系是幼儿在幼儿园一日活动中必须面对的一种关系，《指南》中社会领域明确提出"目标 1：愿意与人交往，目标 2：能与同伴友好相处"。建立良好的幼幼关系有助于激起幼儿参加活动的兴趣，在活动中学会交往、分享、解决问题的能力，并学会理解他人，有助于幼儿心理健康成长。

（四）建立民主的亲子关系

家长看到孩子的"问题"时，相互理解和沟通，给孩子创造一个宽松的成长环境。要学会"照镜子"，想想孩子的"问题"出在哪里，尊重孩子个体，经常和他沟通、探讨对一些问题的看法，让他感受到自己是被尊重的个体，努力营造和谐的家庭情感氛围，采用科学的教养方式，争取与孩子取得有效的沟通，建立和谐的亲子关系，这样孩子才能健康茁壮地成长。

（五）建立适合幼儿发展的幼儿园园风

幼儿园园风包括幼儿园发展理念、办园特色、教师教风、幼儿学风等，都能形成幼儿园独有的园风。

二、幼儿园物质环境（墙饰）创设策略

幼儿园物质环境创设中，最主要的就是墙饰创设，主要有以下几种方法：

（一）展示法

展示法是创设主题墙中最常见的一种方法，可以帮助幼儿梳理学习的知识，强化学习的内容，并能通过墙面来进行自我评价与提高。展示法包括以下四种：

1. 欣赏展示。多用于托、小班，如布置欢迎小朋友、亲亲一家人等主题墙饰。幼儿在创设的氛围中感受到家的温暖，从而热爱幼儿园。

2. 知识展示。知识展示适合主题墙饰与区域背景墙饰。较为常见的是传统节日、季节、科学领域的相关主题或者集中教育活动中的儿歌、节奏图谱等，如“中秋节”主题活动中“月亮的变化”，为了巩固幼儿对知识的掌握，可以在主题墙中创设月亮变化的墙面，幼儿在有意或者无意注意之间都会在头脑中反复强化月亮变化的过程，进而提升教学目标。

3. 幼儿作品展示。可以单独使用，也可以结合知识展示法共同使用。作品展示法较为普遍，采用幼儿的作品进行展示即可，适用于各种主题活动。

4. 问题展示。多用于主题墙饰。在主题活动中未完成的或者幼儿感兴趣的环节可以创设成问题墙，教师针对大班幼儿提出某个问题布置成简单的墙面，问题的答案留给幼儿自己寻找，最后将寻找到的答案通过绘画、手工制作等多种形式展示到墙面中。如大班主题“大自然的奥秘”中，教师提问：“大自然给我们带来了什么？”大班幼儿自己搜集自然现象并进行绘画，幼儿之间相互观察，了解到许多自然现象，从而提升观察力。

（二）图示法

图示法适合常规墙饰和主题墙饰。

主题网络图较适合于大班，幼儿好奇心强，探索的问题较多，教师可以创设网络主题图，通过主要目标领域生成子领域、子目标，层层深入，逐步细化，幼儿可以通过网络图更加清晰地掌握，逐步养成良好的学习习惯。如大班“交通工具大集合”，通过主题活动下的总目标层层深入，细化天空、陆地、海洋等交通工具的用途，以及主题活动下的分领域活动，一目了然。

调查表比较适合中、大班，如大班“动物大集合”主题中介绍动物本领的具体内容就可以加入调查表，大班幼儿在参与的过程中了解了动物的本领都有哪些，还能增进交流，提升幼幼互动；小班“好吃的食物”主题中对食物进行了分类，幼儿在墙面中可以具体了解食物有哪些、水果有哪些、蔬菜有哪些、糖果有哪些等，更清晰地了解活动内容。

（三）互动法

互动法适合主题墙饰、常规墙饰、区域背景墙饰。互动法包括家园互动和幼幼互动两种。

1. 家园互动法。适用于幼儿感兴趣的主题活动或幼儿园与家庭亲密联系共同完成的一些主题，如大班活动“我长大了”，需要幼儿回家搜集自己与弟弟妹妹的合影，并将自己小时候的照片与现在的照片进行对比，在家园互动的过程中完成主题目标。

2. 幼幼互动法。适合的主题较为灵活，如大班可以创设“天气我知道”主题墙，班级幼儿每天可以根据天气情况与主题墙面进行有效的互动，每日更换。更好地体现了主题墙的灵活性。

（四）延伸法

延伸法适合主题墙饰。

延伸法通常与展示法结合使用，适用于幼儿具有经验、常见的主题活动，如大班主题活动“标志与符号”中，主题墙展示法“交通标志”与延伸法“幼儿园班级标志”相结合，幼儿在观看各种标志的同时又对自己的幼儿园有了一定的了解，很好地拓展了集体教学以外的教学活动。

思考与练习

简答

1. 什么是幼儿园物质环境？

2.《指南》下的环境创设与区域活动有哪些特征？

3. 幼儿园环境创设的原则有哪些？

参考文献

1. 基础教育教学研究课题组 . 幼儿园教育环境创设指导［M］. 北京 : 高等教育出版社，2014

2. 刘占兰 . 促进幼儿教师专业成长的理论与实践策略［M］. 北京 : 教育科学出版社，2006

3. 董旭花，韩冰川，王翠霞，刘霞 . 小区域 大学问——幼儿园区域环境创设与活动指导［M］. 北京：中国轻工业出版社，2013

4. 李季湄，冯晓霞 .《3–6 岁儿童学习与发展指南》解读［M］. 北京 : 人民教育出版社，2013

5. 线亚威，李云翔 . 幼儿园活动区课程实施指南［M］. 北京 : 高等教育出版社，2011

6. 教育部教师工作司 . 幼儿园教师专业标准（试行）解读 . 北京 : 北京师范大学出版社，2013

第九章 幼儿园区域活动

理论与指引

一、区域活动的内涵

区域活动是从幼儿兴趣出发，将活动的场所划分成若干区域，有目的、有计划地按照幼儿身心发展水平，投放活动材料，使幼儿按照自己的能力和意愿自主活动，通过幼儿与材料互动、幼幼互动、师幼互动而获得自主发展的活动形式。

二、区域活动的分类

区域活动按照地点的不同可分为室内区域和室外区域。

（一）室内区域按照活动内容不同可分为：

1. 听说表现为主：阅读区、谈话区、讲述区、表演区、社会体验区等。

2. 动手操作为主：建构区、生活区、美工区等。

3. 探索发现为主：科学区、益智区、数学区等。

（二）室外区域按照活动内容不同可分为：

1. 运动区域：大型玩具、大型搭建、平衡区、绳区、球区、运动区、小车区、投掷区等。

2. 表现区域：户外表演区、户外角色区、户外小型建构区、涂鸦区。

3. 养护区域：种植园、饲养角。

4. 沙水区域：玩沙区、玩水区。

三、区域活动的功能

（一）室内区域

1. 语言区：运用图书、手偶、图片等操作讲述，引导幼儿享受阅读，体验交流。

2. 美工区：运用画、做、折等技能，创造性地表现事物，培养幼儿感受与欣赏、表现与创造的能力。

3. 科学区：运用科学及数学小游戏，培养幼儿科学探索的兴趣。

4. 角色区：获得在假想中表征生活经验与想象，提升表达与交往能力。

5. 建构区：创造性地运用材料进行操作、建构，培养幼儿建构水平。

6. 益智区：投放促进幼儿观察比较、分析判断的材料，提高幼儿思辨能力。

（二）室外区域

1. 运动区域：运用户外器械与材料，提升幼儿走、跑、跳等各种基本运动技能。

2. 表现区域：通过各种开放性材料，为幼儿提供表达表现的机会。

依据与准则

一、《指南》与区域活动的联系

学习不一定是游戏，但游戏却一定是学习。《指南》指出：“幼儿的学习是以直接经验为基础，在游戏和日常生活中进行，珍视游戏和生活的独特价值，创设丰富的教育环境，合理安排一日生活，最大限度地支持和满足幼儿通过直接感知、实际操作和亲身体验获取经验的需要。”

二、目前区域活动主要存在的问题

不能保证游戏活动时间，时间过于零散。

活动区游戏过于随意，目标计划性不强。

区域与主题活动分离。

强调教师主导地位而忽视幼儿在活动中的感受和体验。

三 实践与指导

一、区域活动的布局

活动区的布局应根据具体空间大小、班级幼儿人数不同而进行不同的区域布置，一般应遵循以下两点：

1. 确定活动区域数量，进行区域整体布局。

2. 确定各活动区的具体位置。

（1）依据动静分开原则设置区域，避免相互干扰。有些区活动量小，需要安静的环境，而有些区则比较热闹。因此这两类活动区最好距离远些，以满足各自的需要。

（2）区域布局还应考虑幼儿需求。如美工区、科学区需要水，可考虑离水源近些；图书区可设置在光线充足的位置。

（3）各区域设置既要考虑封闭性，也要考虑开放性，避免因“界限”不明确而产生消极影响。可以利用各种玩具柜、书架、地毯等现有设备作为各区的分界线或屏障。相对吵闹的建构区和表演区可设置成半开放的区域。

（4）各区域设置应有利于教师观察，避免出现“死角”。

（5）各区域设置应遵循方便通畅的要求，以避免事故的发生。

3. 各活动区域材料投放。

二、活动区内容的要求

依据幼儿年龄特点创设活动区：

1. 托、小班注重区域材料的游戏性，以生活活动、感官训练、建构、美工、娃娃家为主设置活动区。

2. 中班注重区域材料的目的性，以建构、美工、表演、小医院为主。

3. 大班注重区域材料的探索性，以社会、语言、科学或益智、超市、银行为主。

三、区域活动指导策略

活动区课程能满足幼儿的不同需要，可以让每名幼儿都有机会接触符合自己学习特点、意愿的活动。区域活动是幼儿园中最能体现幼儿自主活动的一种组织形式，是幼儿主动寻求解决问题、获取经验的一种独特方式，对促进幼儿全面发展所起到的作用是不容忽视的。

（一）遵守与暗示

1. 规则的建立。没有规矩不成方圆，相对比较开放且自主的区域活动并不是放任孩子的天性，要建立必要的常规隐性指导。根据不同年龄段幼儿生理、心理的发展水平，教师应制定不同的层次规则。

托、小班的幼儿较小，自制力差，活动较随意。因此，教师要根据幼儿的年龄特点制定相应的规则。规则简单明了、具体形象、色彩鲜明。中、大班幼儿已经具有了一定的自主性，因此，教师可引导幼儿共同协商，幼儿可以用符号或图案自己制定规则，这样更能体现幼儿的主体地位，增强幼儿主动参与的积极性。

案例

让区域活动“活”起来

为了培养幼儿在区域活动时的专注力，老师们大多会这样告诉孩子：“今天你选择了 × 区，在活动时间请不要更换区域。”随着时间的推移，班级的区域活动时间形成了良好的常规，幼儿的区域活动也井然有序，可是总感觉缺少了什么。幼儿之间缺少了互动，区域限制了幼儿的活动，孩子们总是在活动进行一段时间后眼巴巴地看着其他区域。于是，教师与幼儿在区域评价时探讨了这个问题，随之新的规则出现了：入区后要认真进行自己所选区域的活动，如果需要去其他区域，可以在整理材料后重新选择区域。

当然，这样的调整更适用于创造性的区角，调整规则后区域活动更加灵活多样了，“面点坊”的“饼干、馒头、面条”等新鲜出炉后，可送货到“麦当劳”“蛋糕店”等区域，建构区的“建筑师”们累了可以去“小吃一条街”……区域间的互动增加了，幼儿在区域活动时能将自己的生活经验运用到其中，从而获取更多的体验和收获，区域联动使区域活动“活”了起来！

案例分析

规则不是一成不变的，而是要随着幼儿的学习与发展进行相应的改变。教师在区域活动中只是活动的观察者、材料的提供者、幼儿活动的支持者。

2. 环境中的暗示。区域环境中的隐性教育是不容忽视的，充分利用好这一特点，将教师的直接干预转变成间接干预，幼儿的学习也将从“被动式”转化为“主动式”。如幼儿进行区域活动时不能将材料“送回家”一直是困扰着教师的问题之一。针对不同年龄特点的幼儿，教师可以制定不同的标识，托、小班幼儿可以按常见颜色、几何图形、动物形象等区分，在认识颜色、几何图形、动物的基础上，练习了数与物的一一对应并完成了将材料“送回家”的任务；中、大班幼儿可以将门牌号、加减法运用其中，幼儿不仅巩固了知识，又养成了整理材料的良好常规。

区域中图文指示是指用图画、文字等符号形成具体形象、浅显易懂的指示符号，能在区域活动中暗示幼儿的行为。这种图文的方式将教师即将对幼儿开展的指导行为用暗示的方法更好地诠释出来，借助这些符号幼儿能自主地完成探索活动。如美工区的墙面装饰是由“折纸步骤”“系带步骤”“剪纸步骤”等组成，按照上面步骤就能完成操作，收获成果。

（二）优化材料，合理投放

区域材料的投放首先应将安全放在首位，它是活动开展的重中之重。其次要考虑区域材料具备的“六个是否”：是否符合本班幼儿年龄特点，是否来源于教材，是否具有教育意义，是否具有可操作性，是否具有趣味性，是否具有层次性。

1. 学习性区域材料的投放。学习性区角的材料包含了一定的问题和任务，在活动中幼儿动手动脑，他们能发现问题并解决问题。幼儿之间是存在个体差异的，如在一节教学活动中不能完成的目标，可以将它游戏化制作成区域材料在区域活动中进行有针对性的学习，即教育主题的生成材料。

案例

趣味麻将

教育即生活，打麻将是生活中常见的一种娱乐项目，根据大班幼儿对加减知识的掌握程度，教师为贴近幼儿生活，激发幼儿对数学知识的兴趣，制作了“趣味麻将”的个别化操作材料，每张牌面贴有数字，2～4人可同时游戏。玩法1：按照顺序出牌，可练习数字的正序、倒序、单双数、按群计数等知识。玩法2：根据牌面数字练习加减法。

案例分析

教师在制作材料时要考虑材料的趣味性，是否具有深度学习的价值，一物多玩且具有挑战性是大多幼儿兴趣点所在。很多教师总是抱怨“我们班的孩子在区域活动时注意力总是不集中”。老师们是否反思过，为什么幼儿会对材料失去兴趣？一个值得幼儿不断探索的材料怎么会闲置呢？

2. 创造性区域材料的投放。创造性的区域材料多为低结构材料，需要幼儿进行创造性思考，这样的材料多数来源于生活，如废旧物品——奶粉罐、纸盒、牛奶盒等。低结构材料对幼儿的操作限制较少，幼儿可以充分地发挥自己的主观能动性。

（三）捕捉精彩，有效指导

生物学家达尔文说过：“我没有过人的理解能力，也没有过人的机智，只是在发觉那些稍纵即逝的事物并对它仔细观察的能力上，我可能在众人之上。”这段话说明了观察对于成功的意义。区域观察有助于教师更好地了解幼儿发展上的个体差异，深入了解幼儿内心世界。

1. 学习与模仿。幼儿间的榜样力量在建构区活动中较突出，能力强的幼儿往往会带动能力较弱的幼儿，区域作品的制作水平也随之提高。如搭建标志性建筑物，能力强的幼儿的方法很快被能力弱的幼儿效仿，这样能力弱的幼儿的单一垒高也摇身一变成为“我家的小区”。

2. 分工与协作。混龄的区域活动使幼儿分工更明确，活动的收获会更多。大班的幼儿想法较多，制定共同任务，中、大班的幼儿共同协作使活动更有效开展。如在表演区中，刚进入区域的中班幼儿各自独白地表演着，哥哥姐姐的到来使表演区顿时热闹起来，“美羊羊的生日会”开始啦，前来参加的“动物”越来越多……

3. 观察与调整。幼儿对材料不感兴趣时，可以通过选择性方式来变换玩法，增加游戏材料，改变游戏方式，增加幼儿兴趣。如中班认识门牌号材料“给小动物找家”，幼儿对其逐渐失去兴趣后，教师可以将材料转变成贴近幼儿生活的形式，如更改成送牛奶、送快递等，重新激起幼儿兴趣。反之，幼儿不感兴趣的、又没有办法改进的材料可以直接删减。

4. 观察的“便利贴”。便利贴是一种快速的即时记录幼儿区域活动的评价方法之一，教师可简洁地记录观察到的现象，它具备方便、快捷、真实的特点，为教师做好观察记录提供资源。同时也为评价环节提供问题，从而为加强幼儿区域指导提供依据。（“便利贴”记录参照下图）

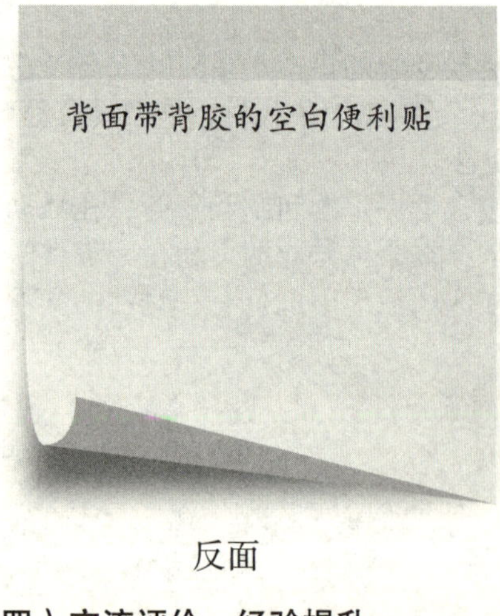

反面

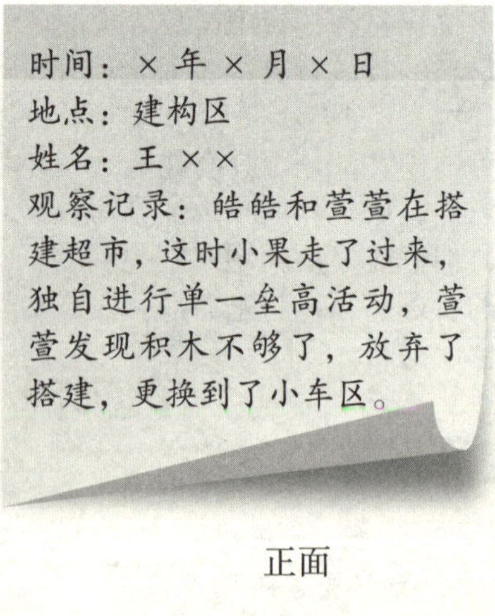

正面

（四）交流评价，经验提升

分享交流的环节是教师在组织全体幼儿回顾学习过程、讨论操作结果、树立和提升学习经验、形成问题和解决问题的重要环节。通过评价，可以使幼儿自身反思、收获知识经验，提高幼儿发现问题、处理问题的能力，教师可以更有效地改进指导方法。

1. 幼幼交流。区域活动结束后，教师与幼儿围坐在一起，幼儿对自我进行评析："我今天在 × 区玩了 × 材料，我的收获是…… 可是我没有……下次再选择的时候我应该……"幼儿分享，让幼儿互相交流，说说活动时遇到的困难，分享一下成功的经验……在这种宽松、生动活泼的幼幼交流的氛围中，真正体现了孩子的主体地位。

2. 师幼交流。教师可以把幼儿当日的个别区域活动过程用视频、图片的形式展示给幼儿，能让幼儿更直观地了解不同区域中同伴的活动情况，师幼展开讨论，有效地审视区域活动中幼儿发展水平和个体差异，寻找问题并一同解决问题。

评价更多地为孩子提供了一个积累经验的平台，在区域活动中进行科学的评价，能有效地引导幼儿主动参与、交流合作、解决问题和提升经验。

总之，在《纲要》和《指南》引领下，师幼同行、家园同步，创设多元互动的活动空间，让孩子的思维更加活跃，让孩子的笑声传得更远，让孩子的视野更加开阔。

思考与练习

一、简答

室内外常见区域的功能是什么?

二、案例分析

洋洋的面条

小班美工区开展了"我为娃娃做面条"的活动。老师将废旧的杂志裁成许多纸条，再让孩子们将纸条剪成一根根"面条"。很多孩子都喜欢这个活动，尝试用剪刀剪"面条"，并喂给娃娃吃。瞧，洋洋也来到美工区，洋洋拿着纸左看看、右看看，终于拿起剪刀。"老师，我不会"，洋洋将剪刀放下，默默看着其他小朋友剪"面条"。

请结合这一案例，联系实际工作提出合理化建议。

参考文献

1. 基础教育教学研究课题组 . 幼儿园教育环境创设指导［M］. 北京 : 高等教育出版社，2014

2. 刘占兰 . 促进幼儿教师专业成长的理论与实践策略［M］. 北京 : 教育科学出版社，2006

3. 董旭花，韩冰川，王翠霞，刘霞 . 小区域 大学问——幼儿园区域环境创设与活动指导［M］. 北京：中国轻工业出版社，2013

4. 李季湄，冯晓霞 .《3-6 岁儿童学习与发展指南》解读［M］. 北京 : 人民教育出版社，2013

5. 线亚威，李云翔 . 幼儿园活动区课程实施指南［M］. 北京 : 高等教育出版社，2011

6. 教育部教师工作司 . 幼儿园教师专业标准（试行）解读 . 北京 : 北京师范大学出版社，2013

第十章 幼儿园游戏活动

理论与指引

一、游戏活动的本质

游戏是一项古老的活动，从很小的婴儿身上就可以看到游戏的萌芽，因此说游戏是儿童存在的基本方式。游戏和儿童这两个概念是紧密相连的，不论从生物学角度还是从心理学、文化人类学、美学、哲学的角度，儿童的游戏一直被认为是最纯粹的游戏形式，游戏本身就是顺应了幼儿的自然发展。

从幼儿的内在需要来看，幼儿进行游戏并没有什么清楚的理性目的，幼儿之所以游戏就是为了游戏，就是因为喜欢和高兴，就是为了娱乐；幼儿在游戏中能够体验成人难以理解的快乐，他们将多种情感、多种角色、多种向往融入自己的游戏中，而这些活动都是幼儿自觉完成的。从现实上看，几乎所有的幼儿都喜欢游戏，没有人引导，没有成人的训练，幼儿天生就是个游戏专家。在多数情况下，没有成人的参与幼儿也能非常顺利地进行游戏，成人“虚情假意”或“好心好意”的参与，反而容易破坏幼儿游戏的正常开展。游戏是幼儿身心发展的需要，是幼儿的天性使然。

二、游戏活动的内涵

游戏自身的复杂以及人们研究角度的各异，至今为止，还没有一个能够被大家共同认可的游戏概念。有代表性的典型游戏定义：游戏是幼儿喜爱的、主动的活动，是幼儿反映现实生活的活动。（《学前教育学》黄人颂主编）游戏是发生于一定的情境之中，外部有可观察的行为表现，内部有特定的心理体验的幼儿主动自愿、自主自由的活动。（《幼儿园游戏教学论》刘焱著）

游戏是幼儿的体验活动，游戏体验是幼儿游戏活动中的一种心理状态，也是游戏发生的心理标志。游戏活动是文化概念，游戏体验是心理概念，游戏精神是价值概念。

幼儿在自然状态下的自主游戏，是自发的具有开放性的特点，这种游戏更多体现娱乐功能，而且隐含了发展功能。教师在游戏活动中加以引导，其目的是在幼儿享受游戏的娱乐过程中将隐含的发展功能进行开发，使之从隐性转变为显性。教师在不破坏幼儿游戏自主性的前提下，要对幼儿的游戏进行改造，使之变成系统、有序的系列活动。

三、游戏活动的特征

游戏活动的特征主要从三个方面界定：游戏的外部行为特征，游戏的内部心理特征，游戏的外部条件特征。在游戏活动中通过观察法、调查法、情境判断法、经验总结法等方法对幼儿进行判断。

（一）幼儿游戏的外部行为特征

包括：表情、动作、角色扮演、言语、材料等。

（二）幼儿游戏的内部心理特征

1. 动机：内部动机、直接动机、内部控制。

2. 游戏性体验：愉悦性体验、自由性体验、兴趣性体验、超越性体验。

（三）幼儿游戏的外部条件特征

1. 一批熟悉的同伴、玩具或可引发兴趣的操作材料。

2. 舒适和安全的氛围。

3. 有物质上和规则上的选择权。

4. 有自行决定的活动方式。
5. 活动的难度和幼儿的能力相匹配。
6. 不担忧游戏以外的奖惩。

四、游戏活动的价值

游戏的发展价值，游戏的教育价值，游戏的工具价值，游戏的本体价值。

游戏能促进儿童身体的发展。能促进儿童身体的生长发育，能促进儿童大脑的发育，能发展儿童的基本技能和基本动作，能增强幼儿的适应能力和抵抗疾病的能力，使儿童始终处于愉快的情绪状态。

游戏能促进儿童心理的发展。能促进儿童感知能力的提高，能促进儿童智力、思维能力、想象力、语言能力的发展，能促进儿童情感的发展。能促进儿童社会性的发展，能提供幼儿社会交往的机会，促进儿童社会交往能力的提高，能使儿童摆脱自我中心，掌握一定的社会行为规范。有助于儿童社会角色的学习，以促进儿童社会化的发展还能增长儿童的知识，如滑梯游戏，体验高低变化，理解“高、低、上、下”等方位概念。

三 依据与准则

一、《纲要》《指南》论述

（一）主要的论述

《纲要》指出：“以游戏为基本活动。”《指南》的“说明”部分提出：理解幼儿的学习方式和特点。幼儿的学习是以直接经验为基础在游戏和日常生活中进行的。要珍视游戏和生活的独特价值；游戏是幼儿的基本活动，游戏是幼儿园的基本活动，组织和指导幼儿开展游戏，是幼儿教师专业化的重要表现。

（二）存在的问题

目前，幼儿园游戏现状依然不容乐观。首先不能保证游戏时间，特别是幼儿自主游戏的时间更是少得可怜。这样的幼儿园也许并不否认游戏的价值，但他们对游戏是顺应幼儿天性的活动方式这一理念理解不到位，担心游戏不能满足幼儿学习与发展的需要，于是用自认为“更有用”的知识学习和技能训练挤占了幼儿游戏的时间和空间。其次，游戏形式被异化了，教师随意编排、指导幼儿的游戏。这类幼儿园最大的问题是缺少对幼儿游戏的尊重。当教师让幼儿去操练具有各种规定、玩法的所谓游戏，去机械地实现一些目标的时候，游戏已不再是幼儿的游戏。幼儿只有自由地、有兴趣地、全身心地投入游戏中，才有可能在游戏中思考、操作、创造、发展。成人需要做的是尊重幼儿，为他们提供适宜的环境，而不是根据自己的意图操控幼儿的游戏。

游戏是幼儿认识世界的途径，无论是时间上的缺失还是形式上的异化，实际上都是对幼儿天性和成长秩序的漠视和背离。以游戏为基本活动，追求的是让幼儿园教育更加适合幼儿，更生动、丰富、有趣。因此，学前教育应倡导、尊重、顺应幼儿玩的天性，让幼儿在玩中学，玩中乐，玩中长，让游戏精神成为幼儿园教育教学的灵魂。

二、游戏与幼儿教师的专业地位

幼儿教师的社会地位一直不高，原因是幼儿园里有小学化现象，社会和家长没有体会到幼儿教师的专业性。但在幼儿园里，小学化就表明了幼儿园教师专业性不强，只有去小学化才能让学前教育确立起自己的专业地位。幼儿教师要把幼儿园和小学最不一样的地方体现出来。

1. 幼儿园与小学的基本活动不同。小学以“上课”为基本活动，幼儿园以游戏为基本活动。
2. 幼儿园的教学活动与小学上课不同。小学是学科体系化的教学，幼儿园是幼儿经验的梳理和提升。

3. 对儿童实现教学目标的要求不同。中小学同一年龄班拥有统一的进度与要求，以年龄特点取代个体差异；幼儿园允许幼儿以不同的方式在不同的时间达成。

4. 教师的专业水平体现重点不同。小学教师：如何教会学生我们想让他们知道的知识；幼儿园教师：如何用我们想让幼儿知道的知识，去检视他们的行为从而支持其达成。

三、幼儿园游戏对幼儿教师的特殊意义

1. 教师的专业素养关系到教师的职业自尊。

2. 观察分析幼儿行为的能力是教师的专业基本功。

3. 解读幼儿游戏行为是教师目前最大的困难。

4. 由于不懂幼儿行为，导致整个专业地位的下降。

5. 游戏是提高教师解读幼儿行为的重要途径。

四、幼儿园游戏的分类

游戏的分类是一个相当复杂的问题，由于研究者的角度不同，依据的理论不同，对其有多种分类：

（一）从游戏的社会性角度来分（帕登）

1. 无所用心的行为或偶然的行为。

2. 袖手旁观的行为。

3. 单独的游戏。

4. 平行的游戏。

5. 联合游戏。

6. 合作游戏。

（二）从教育实用的角度来分（我国幼儿园）

1. 创造性游戏

就是幼儿生成的自发性游戏，是指以幼儿自由创造为主的游戏，包括角色游戏、结构游戏、表演游戏、运动性游戏等。

2. 规则性游戏

就是教师设计的游戏，是指以教师组织和创编为主的游戏，包括体育游戏、音乐游戏和智力游戏等。

（三）从游戏和教育教学的关系来分

1. 本体性游戏（目的性游戏）

儿童自主自发的，目的隐含于游戏活动本身的游戏，即游戏本身即是目的的游戏，这种游戏强调游戏本身的价值。

2. 工具性游戏（手段性游戏、教学游戏）

指作为教育教学活动的手段或工具的游戏，这种游戏强调游戏的外在工具即教学价值。

（四）从游戏场地的角度来分

1. 室内游戏。

2. 室外游戏。

3. 区域活动。区域活动指教师以一定的教育目标和幼儿的兴趣为依据，通过创设各种活动区域，提供各种活动材料，让幼儿在自主自愿中与材料和环境互动，从而获得全面发展的一种活动形式。区域活动既是游戏活动又是学习活动，是自然活动和教育活动的统一。

三 实践与指导

一、指导游戏应注意的问题

幼儿园游戏需要教师指导，注重依据幼儿的游戏水平进行指导，教师指导应注意的问题：

在观察的基础上进行指导；注重适时的介入；注重材料的选择和投放；注重方式方法；注重儿童的年龄特征；注重依据幼儿的游戏水平进行指导；注重不同类型游戏的指导。

二、幼儿园游戏的指导策略

幼儿在游戏中充满无意学习，获得的经验是个体的、零散的。教师的专业性更多地体现为观察幼儿的游戏行为，分析行为所反映的发展，根据发展需要和课程目标做出支持性的干预。

（一）如何观察幼儿游戏

观察是在自然情境下，借助一定的方法，有计划、有目的地细察幼儿个体、小组或集体，记录有价值信息，展开客观分析并进行有效教育支持的过程。

1. 观察游戏是认识幼儿的重要途径

观察为评价幼儿的发展提供了翔实可靠的依据，为理解幼儿游戏行为提供依据。

2. 观察是开展游戏指导的前提

游戏环境的创设应建立在充分观察的基础上，教师参与幼儿的游戏活动应建立在观察的基础上。

3. 观察游戏是提高教师专业素质的重要途径

4. 观察的真正意义

观察的真正目的不是让我们去发现让人眼前一亮的事情，不是让我们“守株待兔”式地去等待所谓真正有价值、有意义的“精彩时刻”的到来。

观察的真正目的是要求教师主动地在幼儿的寻常时刻中看见并读懂他们正在经历的一切，并由此找到支持、推动、指导幼儿学习与发展的依据。

案例

观察与分析的路径

行为观察	玩什么？怎么玩？
行为分析	在什么水平上玩？（已有经验）
发展判断	可能的发展是什么？（新经验）
支持策略	教师需要做什么？

（二）如何支持幼儿游戏

游戏的水平反映幼儿的发展水平，但游戏的水平不是我们教出来的，是幼儿自己玩出来的，前提是大量的游戏机会；游戏是幼儿的拿手好戏，没有教师的介入，幼儿照样在游戏中学习和发展，有教师的支持，就能助推幼儿的发展。

1. 保证充足的游戏时间

提供各类游戏的机会，单次游戏的时间要充分（随年龄班递增），充分使用班级活动室和户外空间开展游戏，合理设置专用游戏室。

2. 保证丰富的游戏材料

投放多功能、多层次的游戏材料，由幼儿决定材料的游戏功能和发展层次，开放性材料具有多功能、多层次性。

材料的更换频率与幼儿的游戏行为：幼儿的行为需求决定材料的更换频率。

· 开放的材料——变换着花样玩，玩不腻。

· 陌生的材料——诱发探索性行为——试探材料的特性。

· 熟悉的材料——诱发创造性行为——实现自己的意愿。

· 行动原则：材料不变，改变幼儿作用于材料的行为；种类不多，逐渐递增，让幼儿自行组合。

3. 有效介入幼儿的游戏

· 对正沉浸在游戏中的幼儿尽可能少干预，教师介入和指导是有目的的，这个目的源于观察和分析。

· 判断教师是否有效介入，就看是否尊重幼儿的游戏意愿，是否支持并推进幼儿游戏的开展，是否帮助幼儿获得新的经验，提升发展水平。

· 行动原则：从我想让幼儿如何游戏到我想知道幼儿是如何游戏的。

4. 让家长理解幼儿园的游戏

第一步：放手幼儿的游戏。

第二步：收集游戏中的故事（游戏故事）。

第三步：进行游戏案例的教研（学习故事）。

第四步：向家长解读经过研讨的案例。

第五步：让家长观摩与对话幼儿的游戏。

案例

竹篮打水（行知实验幼儿园）

孩子们在沙池里游戏，小明和涛涛用沙子造型，但他们发现沙子太干，不容易塑形，于是宝宝想从沙池边的水池里打水，再把水倒进沙池，以便让沙子湿一些，可是用什么来装水呢？他们环顾四周，想找一个打水的容器。“有了。”小明发现大树上有两个竹篮，于是便爬上竹梯去拿竹篮，准备用竹篮打水。小明第一次用竹篮装水，水从篮子里漏了出来，竹篮空空。涛涛也试了一遍，水漏光了。为了达到目的，他们试图快速地进行打水动作，以减少漏掉的水，但打上的水还是很少，而且这样做太累了。这时宝宝发现竹篮上有很多小的细缝，得垫上东西才行。于是大家找来了塑料垫板，他们再次尝试打水，水还是漏了。于是他们又找来了塑料袋，将塑料袋套在了竹篮外面，结果水一下子都漏到了塑料袋里，塑料袋掉了下来。最后，他们尝试将塑料袋套在竹篮里，这次他们成功了。

案例分析

已有经验：知道湿的沙容易造型，没有装水的容器会寻找类似替代物。新经验：知道了水的特性是无孔不入的、无缝不渗的，知道了水能冲垮一些阻挡物（塑料袋）。学习品质：探究行为的动机性很强，能坚持不懈地寻找解决问题的办法；会运用多种策略解决问题，运用了架设、判断和验证（一次次寻找问题的原因，进行假设与尝试）；能与同伴合作解决问题。

（三）幼儿园不同游戏具体指导

1. 角色游戏

概念

角色游戏是幼儿按照自己的意愿，以模仿和想象，借助真实或替代的材料，通过扮演角色，用语言、动作、表情等，创造性地再现周围社会生活的游戏。

特点	1. 独立性。 2. 社会性。 3. 想象活动是角色游戏的支柱。
环境创设	1. 丰富幼儿生活经验，增加现实生活印象。 2. 为幼儿开展角色游戏创造物质条件。 3. 提供有生活气息的角色主题。 4. 提供充足的自由活动时间，保证幼儿角色游戏的深入开展。 5. 营造安全、轻松、愉快的心理氛围，让幼儿能自由游戏 。
观察与指导	1. 给幼儿一个可以自由选择的环境。 2. 充分观察儿童的心理状态，决定是否指导。 3. 以角色身份加入游戏进行指导。 4. 教师应该选择正确的介入时机。 5. 根据各年龄阶段儿童的游戏特点进行组织与指导。 6. 角色游戏结束环节的指导。 7. 对角色游戏进行评价。

2. 结构游戏

概念	结构游戏是儿童使用各种建筑、结构材料，进行建筑、构造造型的游戏。 分类： 1. 积木建筑　2. 积塑构造　3. 拼棒游戏　4. 拼图拼板 5. 金属构造　6. 手工游戏　7. 玩沙、水、雪等
特点	1. 促进幼儿感知和动作发展，培养幼儿动作的准确性和手眼协调能力。 2. 发展儿童的智力，丰富知识。 3. 发展幼儿的想象力和创造力。 4. 发展幼儿认真和坚持的品质。 5. 发展幼儿的审美能力和表现创造美的能力。
环境创设	1. 丰富幼儿对周围生活中物体和建筑物的印象。 2. 提供丰富的物质环境。 3. 保证充足的游戏时间。 4. 创造平等、宽松、自主的心理环境。
观察与指导	1. 教会儿童结构游戏的基本技能。 2. 儿童自由做主。 3. 在观察的基础上介入指导游戏。 4. 根据儿童年龄特点介入指导游戏。 5. 与角色游戏结合起来丰富游戏。 6. 培养幼儿正确对待材料和建筑成果。 7. 对幼儿作品的讲评与展示欣赏。

3. 表演游戏

概念	表演游戏是幼儿根据故事、童话等文学作品的内容，运用语言、动作、表情来扮演其中的角色，根据自己的理解和想象创造性地演绎文学作品的一种游戏。 常见类型： 1. 幼儿表演 2. 桌面表演 3. 木偶表演 4. 影子戏表演
特点	1. 表演游戏的内容来源于文学作品。 2. 表演游戏的故事结构和游戏规则受文学作品的约束。 3. 表演游戏是幼儿自娱自乐的游戏——“娱乐性”大于“表演性”。 4. 表演游戏是幼儿在文学作品基础上的创造性表演。
环境创设	1. 幼儿表演的场景不宜过于复杂，室外、室内均可进行。 2. 表演用的布景应简单大方。 3. 表演需要音乐作为背景，更好地诠释舞台效果。 4. 为幼儿表演准备游戏服饰，精心设计道具。
观察与指导	1. 用语言说出自己要扮演的角色。 2. 尝试用肢体和表情、语言和声音之一表现角色典型特征。 3. 能够使用两种以上的方式，如语言、表情、动作、道具，表现某一人物。 4. 在一场表演中，幼儿的表演能够符合该角色的行为、语言、表情。 5. 在一场表演中，幼儿的扮演能够与同伴的表演较好地配合起来。 6. 采取与同伴讨论、选择道具、查找资料、练习等方式来提高角色塑造。 7. 能够选择合适的故事剧本、角色分工、制作道具、多次排练、演出等，完成一场故事剧本的表演。 8. 能够在故事剧本表演中改编原有剧本情节，增加自己的想法。

4. 智力游戏、体育游戏、音乐游戏

	智力游戏	体育游戏	音乐游戏
概念	智力游戏是根据智育任务设计的，以智力活动为基础的一种规则类游戏。	体育游戏也叫活动性游戏，是根据幼儿的体育任务设计的，由动作、角色、情节和游戏规则组成，是幼儿体育活动的一种形式。	音乐游戏是幼儿在音乐伴奏或歌曲伴唱下，为实现一定的音乐教育目标按一定规则进行的游戏。
特点	1. 游戏性与教学性。 2. 趣味性与益智性。 3. 挑战性与竞赛性。	1. 趣味性和竞赛性。 2. 娱乐性和刺激性。 3. 灵活性和规则性。 4. 以发展幼儿的体质和活动能力为目的。	1. 支配性。 2. 愉悦性。 3. 情感性。
作用	1. 促进幼儿观察、注意、记忆、思维等智力因素的发展。 2. 有助于幼儿增长言语能力和动作技能。	1. 增强幼儿体质，发展幼儿的基本动作和运动技能。 2. 促进幼儿认知能力的发展。	1. 增长幼儿的音乐知识，提高幼儿的音乐能力。 2. 促进幼儿积极情感的发展，陶冶幼儿的情操。

（续表）

	智力游戏	体育游戏	音乐游戏
作用	3. 有助于幼儿增长知识，培养幼儿对学习的兴趣。 4. 促进幼儿社会化及自律、坚持等良好意志品质的形成。	3. 培养幼儿良好的个性品质。	3. 培养幼儿良好的个性品质，促进幼儿社会性发展。

三、游戏中的深度学习

（一）幼儿在游戏中能进行深度学习吗?

案例

学习故事：铺地板

观察对象：光光

观察时间：2015 年 10 月 29 日

记录者：青格乐

你在海绵积木区选了很多三角形的积木，嘀咕着要铺地板。之后你用各种三角形积木在地面中间铺起来。铺了一会儿，你发现这样铺又乱又慢，于是就决定从地面一角开始铺，铺着铺着你又发现有许多三角形积木是一样大的，你开始把一样大的三角形积木拼在一起，接着你发现三角形组合后会变成正方形、长方形，就这样你玩起了有趣的铺地板游戏……

光光，我为你的高度投入和积极探究鼓掌，你特别专注、勇敢，通过不断的努力，你发现了两个一样的三角形拼在一起能变成正方形、长方形，成功地开始了快速铺地板的工作……

光光，相信你在下次专项活动中会铺得更快。老师希望你能将方法分享给其他小朋友，期待你能运用更多的图形宝宝铺地板，发现更多的奥妙……

案例分析

通过案例我们可以看到深度学习的多种特征：学习者的积极主动性、真实的问题解决、已有经验的运用、新经验的获得与迁移、批判与反思、内容与现实世界的联系、对有关概念（三角形、正方形、长方形、对称等）和原理（要从一边铺并保证稳固性）的建构与理解等。

幼儿在游戏中也可以进行深度学习。深度学习是一种有意义的、有长远效果的学习。

（二）幼儿怎样在游戏中进行深度学习?

情境认知与情境学习、情境教学，创设有意义的学习环境等概念和提法日益进入教育者的视野，情境性是深度学习的特点，也是它产生的一个重要条件。

1. 情境认知与情境学习简单地说，指在要学习的知识、技能的应用情境中进行的学习。即“在哪里用，就在哪里学”。

2. 在情境中学的观点对教师来说并不陌生。游戏可以说是幼儿的一种典型的情境性学习活动，而“规则游戏创设”目的就是要为幼儿提供一种有意义的学习情境。

（三）如何促进幼儿在游戏中的深度学习?

首先教师创设游戏情境、提供游戏材料、引导幼儿运用材料进行活动才能引发幼儿有意义、有深度、有效的学习活动。

1. 创设包含问题的游戏情境

深度学习是一种基于问题解决的学习，也是一种基于实践探究的学习。学习者实际所面对和需要解决的问题的复杂程度，在一定意义上会反映学习的深度。

幼儿的游戏往往也包含着探究问题和解决问题，问题的复杂程度同样会影响游戏活动中学习的深度。而幼儿所能探索和解决问题的复杂程度既受其发展水平的影响，也受游戏材料和情境的影响。低结构、高开放的材料和不确定的情境中包含着更多需要解决的问题，因而能为幼儿提供更多自主探究、运用经验、思考和创造的空间，引发其深度学习。

尽管幼儿的自由游戏（角色游戏、建构游戏、表演游戏等）带有明显的不易预测性，受活动主体的兴趣、动机、经验、发展水平等因素的影响，但它仍然会受到情境与材料的影响。因此，教师通过提供游戏情境与游戏材料，将学习与发展期望镶嵌在其中。

2. 提供能够持续进行深入研究的时间和空间

学习是个日积月累的过程。不能期望学习者在短短的时间内就能探索和解决较为复杂的问题。加德纳（1997）曾经指出“了解事物时最大的敌人就是掩藏”。老师常常会因为各种压力而在课堂上掩藏许多重要的内容，只注意学习的广度而忽视深度。而只有给予孩子适当的时间和机会做深入的探讨，才能帮助他们建构和真正理解知识。

案例

学习故事：快乐的搭建 **观察时间：× 年 4 月 26–28 日**

观察对象：小一班全体幼儿 **记录教师：谭艳秋**

× 年 4 月 26 日

今天你们被中一班小朋友的积木搭建吸引了，看到他们搭建出的各种造型，你们也跃跃欲试，很快就有小朋友加入了游戏。你们开始搬运各种积木，不断尝试积木的组合方法，就这样一直到游戏结束，大家都在研究积木的搭法并乐在其中。

× 年 4 月 27 日

今天在户外活动中，你们仍然选择玩大型积木。昨天你们在无目的地拼搭，只要把积木垒高就非常开心。今天你们会玩出什么新鲜的花样呢？我开始仔细地观察大家的游戏。

拿到玩具，你们开始无目的地拼搭，这时候思羽小朋友用圆柱积木和弓形积木接了个长长的“吸尘器”。

大家都被思羽的“新玩具”吸引了，也开始尝试做起了大大小小的“吸尘器”，就这样一个个“吸尘器”在草地上快乐地“工作”起来。

× 年 4 月 28 日

老师想给今天的户外活动换个新材料，可是你们对大型积木游戏还意犹未尽，和我提出想继续玩。活动开始了，我看到云曦又搭了一个“吸尘器”，可是这次大家并没有被她吸引，而是被子豪吸引了。子豪用小长方形积木块搭出一排排的造型，延为问：“这是什么？” 子豪告诉他这是停车场。

“我可以和你一起搭吗？”“好啊！”就这样你们开始了停车场的搭建。这时观察了好久的睿泽说：“停车场的门在哪啊？”你们发现了问题，大家开始尝试找一个合适的位置做停车场的门。你们七嘴八舌地讨论着哪里最适合，最后达成共识给停车场设置了门。“停车场还没有车呢！”子豪大声叫道。“对，把车都停在停车场里吧。”于是，大家又纷纷把积木块摆在停车场里……

在之后的游戏中，你们不断地合作尝试各种玩法，如把积木当成包裹，开始摆货物、送快递。

在几天的游戏中，我看到了你们的成长，你们能根据自己的兴趣来选择游戏，并能在游戏中找到乐趣，为自己所获得的活动成果感到高兴。在游戏的过程中，你们从无目的地搭建，到尝试着有目的地去搭建，到合作去完成一个作品。在这个过程中，老师看到了你们从个人的游戏到愿意和小朋友一起游戏，并分享自己的想法，用你们独特的方法实时地加入游戏，并且在游戏中我看到你们一直在大胆创作、认真思考和解决问题。在游戏的过程中，你们也开始对合作的群体活动感兴趣，并体验到了合作的快乐和获得成功的喜悦。

我想，我会多带你们进行户外搭建活动，为你们拍摄作品照片，听你们讲述作品的种种，让你们在充分游戏中建立自己的认知。我已经看到了你们的进步，期待你们呈现出更加精彩的作品，相信未来的建筑设计师就在你们中间！

案例分析

教师对于幼儿的游戏活动能够进行连续的观察，并且对每次活动中幼儿的游戏状态做客观的描述。通过观察可以看出，幼儿的游戏水平和思维在逐步提高。幼儿对于搭建游戏能保持持久的兴趣，说明材料能够激发幼儿的兴趣。

识别部分，教师没有将幼儿在游戏中表现的诸多学习品质提炼出来，在幼儿学习品质和心智倾向方面，教师应多做研究。回应部分略显单薄，可以提出一些策略，如进行混龄搭建、多种游戏材料混合搭建等。

人际交往和社会适应能力是在幼儿相互交往的过程中发展起来的，而教师要为幼儿提供一个可以自主选择并且宽松的游戏环境。时刻关注幼儿的兴趣点，鼓励幼儿尝试不同的游戏材料及游戏方法，并及时给予肯定，帮助幼儿树立自信。建立亲密平等的师幼关系，为幼儿提供更多交往的机会。还可以打破班级界限，鼓励幼儿参加不同群体的活动。相信幼儿是有能力、有自信的学习者，树立正确的儿童观，让他们健康、快乐地成长。

总之，游戏是幼儿学习与发展的重要途径，幼儿多进行游戏活动能促进其身心全面发展；游戏也是学前教育专业特殊性的体现，研究幼儿游戏，能促进教师的专业成长。

思考与练习

一、简答

1. 游戏对幼儿有哪些发展价值？
2. 幼儿角色游戏如何指导？

二、论述

1. 结合探究性游戏的特点，论述在实际工作中如何指导幼儿的游戏。
2. 结合自己的实际工作，谈谈如何促进幼儿在游戏中的深度学习。

三、案例分析

乐乐今天一如既往地选择了建构区，进区后他开始拼摆起他最喜欢的小车，拼摆完之后，他发现小车的车轮只会前后移动，不会拐弯。他就开始重新拼，拆了拼，拼了拆。过了好久他都没有成功，但是他没有放弃，直到把车轮安装好才兴奋地跑过去和小朋友说：“你看，我的小汽车会拐弯，你的会吗？”接着他拿起积木开始教其他小朋友怎么拼摆……

结合案例，谈谈你对乐乐游戏行为的观察与分析，并说出具体的回应指导策略。

参考文献

1. 刘焱 . 儿童游戏通论［M］. 北京 : 北京师范大学出版社，2004
2. 丁海东 . 学前游戏论［M］. 济南 : 山东人民出版社，2001
3. 冯晓霞、华爱华培训讲稿。

第十一章 幼儿园集体教学

理论与指引

一、幼儿园集体教学的内涵

集体教学活动是一种经济有效，公平有序，对幼儿学习和发展起到引领性作用的教育方式，是让幼儿在短时间内获得有效发展的途径之一，是幼儿园必不可少的教育教学活动。集体教学是教师有目的、有计划组织的，全班幼儿集体参加的教育教学活动。

二、集体教学的价值与意义

1. 集体教学具有高效、经济、公平的作用。同时指导全班幼儿学习，节省教育成本；人人接受同样的教育，体现公平性。

2. 集体教学具有引领性。由于集体教学目的性、计划性强，更易发挥教学“走在发展前面、引导发展”的功能，全面达成目标要求。教师需要充分了解幼儿学习和发展特点规律，了解所学内容的逻辑关系，并恰当地设计和组织教学。

3. 集体教学系统性强。教师根据幼儿学习和发展规律以及教育纲要精心安排，有较强的系统性，有利于幼儿获得系统经验并循序渐进地学习。

4. 集体教学易形成学习共同体。有利于师生、同伴交流互助、分享经验，体验共同学习的乐趣，培养集体感。教师应为幼儿提供多交流、合作、分享的机会，避免“一言堂”。

三、集体教学的主要内容

集体教学的主要内容从活动产生上分，分为预设活动和生成活动；从活动容量上分，分为单独一节“课”和主题系列活动；从参加人员上分，分为集体教学和小组教学；从活动内容上分，分为领域教育活动和综合教育活动。

依据与准则

一、《指南》与集体教学活动的联系

（一）借助《指南》，教师掌握各领域教育的核心价值

《指南》将五大领域教育目标和教育建议按幼儿年龄特点及学习发展规律进行梳理并分领域表述。将各领域幼儿学习与发展的基本价值、教育要点和特别注意事项做详细阐述，为教师理解和把握各领域学习核心价值提供了重要的依据。

（二）学习《指南》，避免教师走入集体教学误区

《指南》对教师了解幼儿学习与发展规律提供有效支持，为教师在解决幼儿教育教学中存在的问题提供依据。但在使用《指南》过程中也容易造成实施的误区，因此，在设计和组织集体教学时应避免出现以下几种情况：

1. 机械地针对每一条目标设计集体教学活动。
2. 刻板地从目标及表现中寻找“内容”。
3. 简单分领域进行集体教学，不注意领域间的整合。
4. 机械、表浅地组织综合活动。

总之，教师要以《指南》为抓手，提高集体教学的有效性和适宜性。首先要熟悉《指南》，真正理解《指南》各领域的核心价值、基本目标、幼儿学习特点和发展规律，掌握指导要点。同时，要将《纲要》和《指南》结合起来，以《纲要》精神为指导，依据《指南》科学地设计、组织集体教学活动。

二、集体教学存在的问题及注意事项

1. 功能定位不准确，与日常生活和游戏联系不紧密；过于重视集体教学，忽视日常生活和游戏。如学习数的分解组合。

2. 教育目标空泛、不具体，或高或低，且重视知识技能类目标，轻情感态度类目标。如学会有表情地朗诵儿歌，培养幼儿口语表达能力；学习小制作，培养幼儿动手操作能力。

3. 教学内容“含金量”不大，难易度不适当。如小班活动：“认识常见的水果”（目标太浅），“蔬菜、水果分类”（目标过难），“用多种感官去探索认识水果”（目标适宜，重在激发探究兴趣，体验探究过程，培养初步探究能力）。

4. 教学过程缺乏师幼、幼幼互动，启发引导不足，灌输控制有余，幼儿处于被动学习状态。如按老师范画学简笔画。

5. 教学方法单一，与幼儿学习特点不符；或者花样翻新，华而不实，不能促进有效学习。如混色，只顾花样，忽略了关键经验。

6. 照顾大多数幼儿“平均”水平，但难以因材施教、关注个别差异。如教师提的问题、提供的材料通常是统一的，没有层次，不能满足不同水平幼儿的发展。

7. 核心概念不清，传达给幼儿错误的经验。如教学活动“影子颜色”。

三 实践与指导

一、集体教学活动的设计

一个完整的幼儿园教学活动设计，主要包括设计意图、活动目标、活动重难点、活动准备、活动过程、活动延伸等环节。

（一）设计意图

教学活动从设计意图开始，设计意图体现教师在教学前的思路和想法。设计教学意图时，应考虑设计此活动的意义和价值是什么、活动内容是否能引起幼儿兴趣、幼儿在活动中获得哪些经验、活动是否契合幼儿最近发展区以及组织集体教学的必要性。

（二）活动目标

目标是教学活动的出发点和归宿，是教师对教学活动结果的预期，是教学活动设计的指南。教学目标的设置直接关系到教学活动的有效性，准确把握活动目标是顺利完成一节教学活动的基本要求。教师应根据《纲要》《指南》精神和幼儿身心发展规律设置教学目标。教学活动目标从维度上划分为知识与技能、过程与方法、情感态度和价值观（即知识、能力、情感）三个方面。设计教学目标应尽量覆盖 2 ~ 3 个维度，同时，为了促进幼儿情感发展，树立积极向上的人生价值观，尽量把情感目标放在首位。

1. 目标的设定

（1）目标难易适中，切合幼儿“最近发展区”

目标的设定应基于幼儿的实际发展水平，切合其“最近发展区”，符合幼儿年龄特点，对幼儿的已有经验有提升促进作用。

案例1

大班社会活动"文明小使者"活动目标：
·学会使用"您好、谢谢、对不起"等礼貌用语。
·知道生活中的文明礼仪，争做文明小使者。

案例2

小班美术活动"小花伞"活动目标：
·能与同伴合作，练习拓印小花伞。
·知道伞的种类及用途。

案例分析

这两个教学活动的目标设计的难易程度都不合理。"文明小使者"活动目标明显低于大班幼儿实际发展水平。大班幼儿语言发展远超出预设目标，此活动设计对幼儿社会性发展没有起到促进作用。而小班活动设计目标"能与同伴合作，练习拓印小花伞"也不切合实际，小班幼儿尚未达到自主与同伴合作的能力。因此，两个活动目标设计都没有契合幼儿最近发展区。

（2）目标具体明确，突出核心经验

幼儿园目标设计要包含知识、情感、能力三个维度，表述要具体，突出该领域的核心经验，即活动要"教什么"，以及急于解决的重要问题。因此目标表述不能过于笼统，使教学组织者有具体的实施指向和评价标准。

案例

中班健康活动"有趣的塑料布"活动目标：
·利用塑料布玩体育游戏，增强肢体力量及动作协调性。
·积极参与活动，体验与同伴合作游戏的快乐。

案例分析

从目标表述中我们不能准确获取活动的重点内容是什么，用塑料布玩什么游戏，怎么玩，如何增强肢体力量，是上肢还是下肢，塑料布的有趣体现在哪里，都无从所知。因此，这样的目标过于笼统，实施者不知道具体应做些什么，此活动重点模糊不清。

（3）目标体现层次性，关注个体差异

《纲要》中明确提出应关注幼儿个体差异，促进幼儿富有个性的发展。由于幼儿个体差异较大，在设计目标时，教师不能要求幼儿都达到同一个标准，因此目标设计应体现层次性，关注个体差异。如为了促进幼儿手部小肌肉发展，教师预设练习使用剪刀的内容。目标上设置了三个梯度：剪直线、剪波浪线、剪图形。这三个目标逐步递进，由易到难，能促进不同水平幼儿动作的发展，体现教师关注幼儿个体差异性。

（4）目标表述一致，体现幼儿主体地位

教学目标在表述上应保持一致，在同一个活动中切忌目标前后主体不统一。同时，为了体现幼儿的主体地位，建议目标多以幼儿角度提出为宜。

案例

大班科学活动"光与影的秘密"活动目标：
·理解故事内容，探索影子大小变化与光源的关系。（幼儿角度）
·能大胆说出自己的发现，培养幼儿间的协商、合作能力。（教师角度）

案例分析

活动中两个目标分别从教师和幼儿不同主体角度提出。第一个目标是以幼儿的口吻表述的，第二个目标转为以教师口吻表述"培养幼儿间的协商、合作能力"，存在前后主体不统一问题。

（5）目标数量适中，避免交叉重复

活动目标一般为 2 ~ 3 条，覆盖情感、知识、能力三个维度。数量太少，不能充分挖掘活动价值；数量太多，又不利于目标达成，重点不明确。

案例

大班综合活动“我长大了”目标：

· 引导幼儿发现自己的成长与变化。
· 激发幼儿欣赏自己的成长，展示自己的能力，树立自信心。
· 乐于与同伴交流、分享自己成长的快乐。
· 让幼儿尝试制作个人成长相册，发展精细动作。
· 让幼儿体会父母的辛苦，增进亲子之情。

案例分析

此活动目标数量太多，未能突出活动重点。目标是为了体现幼儿学习中的不同维度，因而采用分条陈述的方式。各目标之间有意义上的交叉重复，表述混乱。

（6）常用目标表述词汇如下：

领域	目标表述词汇
健康活动	练习、尝试、掌握、发展、能够
语言活动	学说、运用、练习、愿意、喜欢
社会活动	体验、情绪、合作、喜欢、体会
科学活动	感知、操作、观察、比较、运用
艺术活动	感受、表现、创造、欣赏、模仿

（三）确定活动重难点

教学活动的重难点是教师对教学环节设计的依据，根据本班幼儿的认知水平和发展情况，教师酌情设置。在一节教学活动中，重难点可能不是同一个内容。对于重点的确定，是幼儿最需要掌握的知识经验，应帮助幼儿提升认知基础。对于难点的把握，是幼儿需要挑战的知识目标，在一节活动中，不对幼儿在难点方面做硬性要求。

案例

大班科学活动“筷子的神力” 活动目标：

· 通过操作，探究将装米的杯子提起来的方法。
· 在实验中感受“摩擦力”的神奇。

教学重难点：

重点：通过操作，探究将装米的杯子提起来的方法。

难点：理解摩擦力。

案例分析

在案例中，活动重难点不是一个内容。活动重点是让幼儿操作探究用筷子将装米的杯子提起的方法。对于第二个目标，让幼儿理解筷子是在摩擦力作用下提起装米的杯子的，对于幼儿来说，理解摩擦力概念来说是有难度的，因此设为难点。在后续的实验活动中可逐步帮助幼儿理解摩擦力现象，解决难点，不要求在一节活动中完成。

（四）活动准备

活动准备是上好一节课的重要保障。活动准备包括经验准备和物质准备两方面。

1. 经验准备

经验准备是指教师在开展活动前，对幼儿已有经验做深入分析，考虑幼儿的兴趣点、认知基础以及对可能发生的突发状况做合理预期。幼儿是活动的直接参与者，要充分考虑到幼儿年龄特点、已有经验，有些活动若需要前期搜集资料，应事先安排幼儿进行相关活动，使幼儿积累必备经验。

案例

大班科学活动“有用的空隙”活动准备：

经验准备：

·活动区投放整理箱，让幼儿尝试整理玩具等游戏材料。

·幼儿能够正确使用漏斗，有在沙池玩沙的经验。

物质准备：

托盘、乒乓球、玻璃球、大米、透明塑料杯、漏斗、小碗、水、记录表、彩笔、黑板等。

案例分析

教师在活动准备中，充分考虑幼儿已有经验，在活动区提供整理箱让幼儿对物体空间有所感知。在材料使用上，让幼儿具备正确使用漏斗和玩沙的经验，为活动中幼儿使用漏斗装米提供经验基础。

2. 物质准备

直观形象的材料能帮助幼儿理解抽象的教学内容。同时提供丰富、适宜、可操作的材料，让幼儿运用多种感官、多种方式进行探索，便于幼儿理解和消化知识内容。

（五）教学活动环节

教学活动环节是教师完成既定的活动目标所设置的活动过程，是一系列教与学活动的具体安排。教学环节安排是否科学合理，决定着教学活动质量。一个教学活动主要包括开始部分、基本部分和结束部分。

1. 开始部分

开始部分又称导入环节，是教师调动幼儿兴趣、展开活动的前奏曲。导入部分可以分为直入式、谈话式、谜语式、情境式、游戏式、故事式等多种导入形式。导入环节没有固定模式，具体采用哪种方法导入，教师要根据教学活动内容灵活选取，只要能激发幼儿兴趣，调动幼儿已有经验，促进幼儿学习与发展即可。

（1）直入式

直入式就是教师运用简明扼要的语言开展活动，让幼儿明确活动主要任务是什么。如小班社会活动“认识我自己”的导入环节，教师请幼儿拿出小镜子观察自己的五官，说说自己的五官有哪些，它们长什么样，激发幼儿兴趣，直接切入主题。

（2）谈话式

活动开始前，教师与幼儿针对某一话题展开交流，在交谈中不知不觉地渗透新课内容，引发幼儿与教学活动内容相关的生活经验，进而自然而然地引入主题。如小班美术活动“制作小花伞”的导入语：“小朋友，你们喜欢下雨吗？下雨天用什么来挡雨？”幼儿自由发言。教师小结：“哦，有这么多种工具可以用来挡雨，今天我们选一种工具，一起做一把小花伞吧。”轻松引入主题。

（3）谜语式

教师通过猜谜语来概括事物的主要特征，引发幼儿猜想，激发兴趣，引出活动主要内容。如美术活动“添画眼睛”，教师可以用谜语“上边毛，下边毛，中间一个黑葡萄”导入。幼儿能很准确地捕捉到活动内容与眼睛有关。

（4）情境式

在活动开始时，教师创设与教学活动内容相关的情境，让幼儿有种身临其境的感觉，促使幼儿在形象的氛围中自觉参与活动。如大班科学活动“影子剧院”中，教师创设一个黑暗密闭的空间。教师：“今天我们来到一个影子剧院，表演节目的都是一些物体的影子。”以此来激发幼儿参与活动的兴趣。

（5）游戏式

游戏是幼儿热衷的活动，根据幼儿喜爱游戏的特点，教师可采用游戏导入的方法激发幼儿内在学习动机。如在社会活动“我的好朋友”中，教师采用游戏导入的方法，用飞飞机的游戏开始活动。“我的飞机飞飞飞，飞到 × 那里去。”飞到哪个小朋友那里，就请他说说自己的好朋友是谁。

（6）故事式

教师向幼儿简单讲述一个小故事，以故事的形式导入活动，吸引幼儿的注意力，调动学习兴趣。如在音乐活动“粗心的小画家”中，教师导入语：“今天，老师给小朋友讲一个故事。有一个小男孩名叫丁丁，他很喜欢画画，他画的螃蟹只有四条腿，他画的鸭子是个尖嘴巴，他画只兔子是圆耳朵，他画匹大马没有尾巴。你们说他是一个什么样的小画家呢？对，他是一个粗心的小画家。今天，我们来学习一首歌曲《粗心的小画家》。”

采用故事导入时，教师需特别注意，选用的故事不要过长，要把握好度，内容不宜复杂，否则会延误时间，分散幼儿注意力。

2. 基本部分

基本部分是教学活动主体，占用活动大部分时间，是教师完成教学目标的关键。为达成教学目标，教师应合理安排活动的顺序、步骤，选用适宜的教学方法、手段，并注意各环节之间的过渡衔接。

（1）各环节架构详略得当，目的明确

幼儿园教学活动时间为小班 20 分钟，中班 25 分钟，大班 30 分钟。教学环节的设计应紧紧围绕目标，环节架构应详略得当。重点思考用什么样的活动完成教学目标，每个环节主要目的是什么。首先，确定活动重难点并在环节中凸显；其次，注意各环节详略程度，根据目标合理分配时间。详略得当的环节设计才能体现重点，达成预期效果。

（2）设计各环节活动方式

如何较好地呈现每个活动环节是教师设计环节的关键所在。教师可采用以下方式进行：

· 实物呈现

实物呈现法指教师把真实的实物呈现给幼儿。如在“认识时间”活动中，教师出示钟表让幼儿观察，让其了解钟表的结构和作用。

· 画面呈现

画面呈现指教师通过图片、视频、PPT 课件、示范等形式，配合语言讲解呈现活动内容的方法。画面呈现法是教师最为常用的一种方法。如在科学活动“火山爆发”中，教师和幼儿共同观看一段真实的火山爆发视频。通过视频音效，幼儿可以深刻感受到火山爆发时的情景，比图片、言语冲击力更强。

· 游戏呈现

游戏呈现法指教师通过游戏，将活动主要内容贯穿其中。这也是集体教学所倡导的教学游戏化精神。通过玩游戏，引导幼儿自然而然地掌握知识点。如在大班数学活动“老狼老狼儿点了”活动过程中，教师采用圆环作为羊圈，小、中、大不同圆环可以装不同数量的羊为条件，教师每次调整圆环的大小和数量，引导幼儿进行十以内数的合成练习。幼儿每次躲进羊圈，都在进行数的合成运算。

·任务呈现

任务呈现法通过教师设置任务，引导幼儿自主自发地参与活动，在完成任务过程中，将幼儿已有经验与技能运用于其中。这种方法多用于操作类活动，教师提供操作材料，提出任务，引导幼儿独自或与他人合作完成。如在中班科学活动“搬水”中，教师提出任务：“请你选用适宜的材料将桶里的水搬到对面的水盆里。”提供的材料中有木质积木、海绵、花布、棉花、塑料泡沫等。通过搬运水的过程，让幼儿了解哪种材料吸水性强。幼儿完成任务的过程中，自然完成教学目标。

·表演呈现

采用表演故事、儿歌、律动等方式展开教学活动。表演法一般用在进一步巩固所学内容时使用。如在语言活动“拔萝卜”中，教师请幼儿扮演故事中的各个角色，随着重复性的语言“××× 快来啊，快来帮忙拔萝卜”边表演，边引导幼儿完整讲述故事。

（3）各环节层次递进，衔接自然

教学环节之间应遵循由浅入深、循序渐进的原则，各环节衔接应自然连贯，上一个环节应为下一个环节做好铺垫。教师要采用简短的语言将教学内容逐步引向深入，让幼儿容易接受。

案例

大班健康活动“烤香肠”中教师设计了四个环节。教师首先带领幼儿做热身运动（去加工厂）。第二环节请幼儿在海绵垫上做翻滚动作（制作香肠）。第三环节“烤香肠”，教师扮演大夹子，幼儿从教师手臂下迅速爬过，要求不能被“夹子”夹住。第四环节“做汉堡”，男孩趴在海绵垫上，后背盖上海绵垫，女孩从男孩身上爬过。整个环节围绕制作食物流程进行。

案例分析

此活动中，教师通过创设“烤香肠”情境，将各环节串联起来，并在制作香肠、烤香肠、夹香肠、做汉堡的过程中，完成翻滚、匍匐爬行动作的训练。整个过程层次递进、环环相扣，幼儿容易融入其中。

3. 结束部分

教学活动中，结束部分教师通常会做以延伸，既是对前面活动的总结，也为开展下一个活动做铺垫。幼儿园教学活动延伸方法：

（1）延伸到下一个活动中

幼儿的学习是一个连续的过程，是在已知经验基础上，不断累积新知识，在新旧知识相互作用下，不断内化形成自我认知的过程。当一节活动实现不了教学目标时，教师应将目标延伸到下一个教学活动中。或者在教学活动中生成新的知识点时，教师应顺应幼儿需要，将新知识点作为下一个活动的目标，继续开展下去。主题活动就是由一系列紧密相连的教学活动组成的。

（2）延伸到区域活动中

教学活动结束后，可以在区域中投放相应的操作性材料，引导幼儿继续操作探索，拓展经验。如在科学活动“磁铁的魔力”中，教师将操作材料投放到科学区，让幼儿在区域游戏中继续探索哪些物体可以被磁铁吸住，哪些物体不能被吸住。

（3）延伸到日常生活中

幼儿的学习是整体的，许多经验都是在日常生活中习得的。因此，教学活动延伸到日常生活中是有效教学的重要支持。教师应充分利用日常生活的有利时机，巩固教学中的知识经验，帮助幼儿将知识经验运用于生活中。如大班科学活动“有用的空隙”中，教师将活动延伸到生活中，让幼儿练习在生活中充分利用有限的空间整理收纳物品。帮助幼儿在建立空间概念的同时，学会自己整理生活用品。

（4）延伸到游戏活动中

游戏是幼儿最喜欢的活动，也是幼儿一日活动的重要组成部分。将教学活动延伸到游戏活动中，可以帮助幼儿巩固所学知识。通过游戏化的手段进一步巩固提升知识经验。如在大班科学活动“光与影的秘密”中，教师将光影的秘密进一步拓展，延伸到游戏活动中。带领幼儿玩踩影子、找影子、让影子与身体分离等小游戏，在游戏中继续发现光影之间的秘密。既能让幼儿沉浸在游戏的乐趣中，又能激发他们探索光影秘密的欲望。

案例

大班科学活动“神奇的指纹”

设计意图：指纹是人身体皮肤组织的重要部分，它具有独特的性质。虽然人人都有指纹，但却各不相同。不同人种的指纹也有很大差别，全世界六十多亿人中还没有发现两个完全相同的指纹。依据指纹的独特性，被运用于生活中的考勤、侦破、保密系统中。科学活动就是要培养幼儿对事物探究的兴趣。因此，为了培养幼儿细致的观察力以及对自身探究的兴趣，教师设计此次活动。

活动目标：

1. 通过观察，了解指纹的三种类型及用途，知道指纹的独特性。
2. 培养探索自身的兴趣及细致的观察力。

活动准备：

经验准备：幼儿用放大镜观察过植物叶子，知道放大镜的正确使用方法。

物质准备：指纹种类图片、指纹应用课件、放大镜、印泥、白纸、指纹统计表、彩笔若干。

活动过程：

1. 故事导入

教师以讲述警察通过指纹识别破案的故事情节导入。

教师：为什么通过指纹识别就可以破案呢？

2. 观察指纹，了解指纹特征

· 引导幼儿观察指纹，用语言表述自己的发现。

教师：你的指纹在哪里？它长什么样？

· 幼儿用放大镜观察自己的指纹，或用印泥将指纹印到纸上进行观察，并和同伴的指纹进行比较，发现指纹之间的形状不同。

教师：不同手指的指纹一样吗？自己的指纹和别人的指纹一样吗？

3. 了解指纹的三种类型

· 教师出示指纹类型的图片请幼儿观察，引导幼儿说说它们的形状像什么。

弓型纹：它的纹路中心就像一把弯弯的弓箭一样。

箕型纹：它的纹路中心向左或向右偏，像小马蹄子一样。

斗型纹：它的纹路中心就像水流湍急的小旋涡一样。

·请幼儿统计自己手上各类指纹的数量，完成指纹类型统计表。

小结：每个人指纹的形状都不同，它是具有特征的记号。

4. 指纹在生活中的应用

观看课件“指纹的应用”，请幼儿说说指纹有哪些用处。

小结：指纹能使手在接触物体时增加摩擦力，从而更容易抓紧物体。指纹的独特性可以应用到生活中。如指纹门锁、指纹车锁、指纹冰箱、指纹保险柜、指纹手机、身份证录入等。

活动延伸：

请幼儿做课后小调查：指纹可以再生吗？小动物有没有指纹？

案例分析

此科学活动中，教师在设计意图中将活动的意义和作用阐述清晰，提出指纹这个知识点的教育价值。在活动中，幼儿通过探究可以获得的相关经验有哪些，并结合生活，发现指纹在生活中的应用。从目标上看，将科学领域目标做具体化表述，知识目标“了解指纹的三种类型及用途，知道指纹的独特性”，能力目标“培养探索自身的兴趣及细致的观察力”，目标表述清晰、准确，有层次。从活动准备上看，教师做了经验准备和物质准备两方面要求。由于活动中要使用放大镜，所以教师在经验准备中注明幼儿有过使用放大镜的经验，能正确使用放大镜。这样避免在活动中出现幼儿对操作材料不熟悉的问题。物质准备里提供放大镜、印泥，为更好地观察指纹提供条件。从活动环节上看，教师以故事导入的形式，通过讲述警察破案的经历，引发幼儿思考指纹的价值，为后续研究做好铺垫。环节设计上是由发现问题、研究问题、解决问题的方式开展教学的，每个环节都由浅入深、层层递进，思路清晰，过渡自然。最后的延伸活动，将指纹探究进一步引向深入，请幼儿继续探究指纹的秘密，为后续探究提供依据。

二、集体教学活动的组织与实施

幼儿园集体教学活动能够在短时间内向幼儿传递直接经验或间接经验，促进幼儿智力、语言、思维及社会性等方面的发展。组织集体教学活动时，教师应深入分析研究教材，从幼儿已有经验和“最近发展区”出发设定相应的活动目标，考虑幼儿的年龄特点和学习兴趣，设计适宜的活动方式和活动流程，把握活动要素与幼儿发展的关系，认真组织教学。因此，课前研析是重中之重。任何教学活动都从课前研析开始，即明确“教什么、怎么教、教给谁”，它对教学活动起到指导性的作用。

“最近发展区”是著名心理学家维果斯基提出的。维果斯基认为，在测定儿童智力发展时有两种水平：一种是儿童现有的发展水平，一种是潜在的发展水平，这两种水平之间的区域称为“最近发展区”。

教学应着眼于幼儿的最近发展区，让幼儿在潜在发展水平上获得最大的成功。如果将其比喻成摘树上的苹果，我们的目标就是要让所有的幼儿都能摘到一个苹果，且摘到他们所能摘到的最大的苹果。

（一）选择教学内容

教学内容是实现教学目标、完成教学任务的载体。教学内容的选择应遵循一定的原则。

1. 需要性：教学内容既符合幼儿当前需要，又有利于幼儿长远发展。

2. 趣味性：教学内容应具体形象，生动有趣。

3. 挑战性：教学内容既符合幼儿的现有水平，又有一定的挑战性。

4. 拓展性：教学内容既贴近幼儿的生活，是幼儿感兴趣的事物和问题，又有助于拓展幼儿的经验和视野。

5. 联系性：教学内容应注重各领域内容有机联系，相互渗透，注重领域间的整合，将各领域核心经验有机联系。

（二）选择教学形式

幼儿园常用的教学活动形式有集体、小组、个别三种活动形式。教师应灵活运用不同的教学形式展开教学。

1. 集体教学：是教师面向全班幼儿开展的教育教学活动，其优点是在有限的时间和空间以及教育资源条件下，帮助幼儿获得知识经验的发展。其缺点在于过于整齐划一，很难关注幼儿个体差异，不容易因材施教。

2. 小组教学：是指几个幼儿为了完成某一任务而组建的学习共同体。小组活动中，幼儿有责任分工，有同伴间互助学习。它能弥补集体教学中不能关注个体差异的难题。不足之处在于幼儿进行小组活动时，教师要避免幼儿兴趣偏离，活动流于形式。

3. 个别教学：是教师对某一个幼儿进行个别化指导的过程，根据幼儿的实际发展水平进行一对一辅导。其优点在于能够因材施教，关注个体差异。不足之处在于耗时多，效率低。

每种教学形式都有其优点和不足，教师应根据活动内容灵活采用适宜的教学形式展开教学。

（三）选择教学手段与方法

幼儿园常用的教学手段有教具、实物、图书、挂图、照片、录像、录音、多媒体课件、视频、自制玩教具等。

教学方法是为了实现教学目标，完成教学任务而采用的手段，既包括“教”的方法，也包括“学”的方法。幼儿园常用的教学方法归纳为以下几种类型：

1. 直接感知为主的方法

· 观察法

观察法是指有预期目的的感知活动。分为自发观察、个别观察、比较性观察、顺序观察、特征观察、探索性观察等。

· 演示法

指教师通过自己的语言、动作所做的教学演示，为幼儿提供模仿范例。一般在语言、艺术、健康领域应用较多。

2. 语言信息为主的方法

· 讲授法

指教师通过口头语言向幼儿描述情境、叙述事实、解释概念、说明道理的方法。

· 谈话法

通过教师提问和幼儿回答进行教学，引导幼儿运用已有经验回答问题，以此获得新知识。

· 讨论法

在教师引导下，幼儿对提出的问题进行讨论，表达自己不同的见解及看法。

3. 实践操作为主的方法

· 发现法　· 实验法　· 游戏法

（四）做好课前准备

在组织教学活动前，教师要做好“五备”：备幼儿、备教材、备教案、备材料、备场景。

1. 备幼儿。认真分析幼儿年龄认知特点、生活经验、学习兴趣点和发展需要。

2. 备教材。深入研究教材的教育价值和课程潜能，根据幼儿学习的需要对教材内容做适度的调整。

3. 备教案。选择适合幼儿年龄特点和学习方式的活动形式，设计相应的教学情境和环环推进的活动过程。

4. 备材料。有效选择生活中可利用的教育资源，提供适宜的材料，引发幼儿自主操作和直接感知，让幼儿在亲身体验中获取知识经验。

5. 备场景。创设适宜的场景，引发幼儿活动兴趣，为活动开展提供有力支持。

（五）有效“对话”

“对话”是人们交流沟通和获取信息的重要手段。教育家保罗·弗莱雷说：“没有了‘对话’，就没有交流；没有了‘交流’，也就没有真正的教育。”“对话”是相互之间以平等的姿态，相互交流共同构建世界的活动。集体教学中有效对话类型分为三种：师本对话、幼幼对话、师幼对话。

1. 师本对话。师本对话指教师和文本之间的对话，是教师理解文本的一种方式。教师与文本对话可以更加彻底地理解教材内容，并在理解的基础上创新，完成有效教学第一步。正如每个人心中都有一个哈姆雷特，因为每个人的经历、理解力、品味不同，所以对于作品的理解也不同，一千个人有一千种解读。同理，每个教师在对教材的解读理解上也都不尽相同。同一个目标下，每个人设置的教学环节也不同，也就是所谓的同课异构。所以“师本对话”就是教师与教材之间产生一种交流共鸣。

2. 幼幼对话。幼幼对话就是指幼儿之间展开的对话。幼儿间的有效对话通常发生在游戏活动中，如角色游戏。包括选择游戏内容、商量角色分配，以及在游戏过程中讨论如何开展等。

3. 师幼对话。师幼对话就是教师与幼儿间的对话。师幼对话与师幼互动是从属关系。“师幼互动”是指发生在教师与幼儿之间相互作用和相互影响的过程。不仅包括师幼言语上的交往，也包括非言语上的互动，如肢体动作、表情、行为等方面。在这里，师幼对话属于师幼互动中的言语互动类型。

（1）师幼对话的核心要素

师幼对话的核心要素分为倾听、理解和回应三部分。

·倾听：教师要学会倾听，倾听幼儿的话语和表达，把握和捕捉其兴趣点，了解幼儿的需要，在尊重和平等的基础上做到真诚有效地“倾听”。倾听也是彼此了解的过程。

·理解：包括理解幼儿的话语和使幼儿理解教师的话语两层意思。在双方共同理解言语内容的基础上，实现情感交流的共识与互动，促进师幼对话的有效进行。

·回应：教师要学会回应幼儿，使幼儿感受到教师对其话语的尊重和重视，对幼儿提出的见解给予肯定与支持，激发幼儿发起和参与对话的欲望。回应也是对教学环节的小结和经验梳理，是师幼共同成长的过程。

（2）教师言语类型

集体教学中，教师的言语类型有表扬、批评、提问、讲述、示范、指令、提供信息、传达型语言等。其中提问型、指令型言语使用最多，表扬、鼓励、批评型言语使用最少。教师应注意对话要从单向式向对话式转变，我问你答变为相互对答；灌输式向引导式转变，单一式向变化式转变，否定式向鼓励式转变。

（3）师幼对话的基本结构

大致为发起（提问）—回应—反馈（评价）三段式结构。伴随教师与幼儿之间对话的展开，这三个步骤动态不一。

若以教师为主体，“对话”行为集中表现在“提问”与“回应”上。集体教学中教师存在的问题：提问数量多、质量低，封闭式提问多；对幼儿回应很少，而且不到位。

若以幼儿为主体，“对话”行为集中表现在“提问”上，如幼儿主动提出疑问。幼儿为主体对话行为存在的问题：在集体教学活动中，幼儿存在“失语”现象，即幼儿话语权缺失。通常教师一直在说话，总是将幼儿的话重新翻译解读，生怕大家听不明白，表现出教师的话语霸权；幼儿受语言发展限制，表达方式单一，不能充分表述自己的想法和观点。

（4）师幼对话的策略

教师积极创设有利的互动环境，鼓励幼儿自主表达；采用灵活多样的互动策略，重视和领会“对话”精神；营造宽松自由的心理和情感环境，让幼儿积极主动发起或参与对话，同时要建立和谐、平等的师幼关系，要支持、尊重幼儿。针对不同年龄班、不同个性和需要的幼儿，在不同教育情境中，教师要采取灵活多样的互动策略应对。

班型	对话形式
小班	抚慰式、赞赏式、激趣式、示范式
中、大班	协商式、参与式、讨论式、建议式、启发式、合作式、引导式

另外，在“对话”中教师仍需要注重群体互动与个体互动相结合，预设性互动与生成互动相结合，幼儿与幼儿间的多向互动等多种互动形式。

思考与练习

一、简答

1. 什么是幼儿园集体教学活动？
2. 最近发展区的定义是什么？

二、论述

1. 幼儿园集体教学活动设计包括哪些环节？请结合实例说明。
2. 如何组织好一节集体教学活动？

三、案例分析

秋天到了，幼儿园里几棵树上的叶子开始变黄，有的已经落到了地面上。户外活动时，好多孩子对落在地面上的树叶产生了浓厚的兴趣，他们有的将树叶捡起来当小扇子，有的拿起树叶在手里折一些小玩意，有的甚至把树叶当成宝贝放到了自己的书包里。教师想利用这些树叶作为教育活动的媒介，为孩子们设计一个有关秋天的主题活动，于是设计了下面几个活动：活动一“用树叶粘贴画”（美术活动），活动二“朗读散文《小树叶》”（语言活动），活动三“学唱歌曲《大树妈妈》”（音乐活动）。

请分别为三个活动设计活动目标，目标设计需从三个维度提出。

参考文献

1. 教育部基础教育司.《幼儿园教育指导纲要（试行）》解读[M].南京：江苏教育出版社，2002

2. 王丽芳.幼儿园教学活动设计［M］.北京：北京少年儿童出版社，2013

3. 魏洪鑫.如何上好一堂课——幼儿园教学的有效性思考［M］.北京：北京少年儿童出版社，2013

图书在版编目 (CIP) 数据

幼儿教师职前培训指导 / 王婉莹主编 . — 大连 :
辽宁师范大学出版社 , 2018.6
ISBN 978-7-5652-2661-8

Ⅰ . ①幼… Ⅱ . ①王… Ⅲ . ①幼教人员—师资培养
Ⅳ . ① G615

中国版本图书馆 CIP 数据核字 (2018) 第 126923 号

You'er Jiaoshi Zhiqian Peixun Zhidao
幼儿教师职前培训指导

出 版 人：王　星
责任编辑：张　爽
责任校对：王文慧
装帧设计：周佰惠

出 版 者：辽宁师范大学出版社
地　　址：大连市黄河路 850 号
网　　址：http://www.lnnup.net
http://www.press.lnnu.edu.cn
邮　　编：116029
营销电话：（0411）84206854　84215261　82159912（教材）
印 刷 者：大连图腾彩色印刷有限公司
发 行 者：辽宁师范大学出版社

幅面尺寸：185mm × 260mm
印　　张：5
字　　数：150 千字

出版时间：2018 年 6 月第 1 版
印刷时间：2018 年 6 月第 1 次印刷
书　　号：ISBN 978-7-5652-2661-8

定　　价：25.00 元